CB077803

a questão judaica contemporânea

coordenação **breno isaac benedykt**

curadoria **lia vainer schucman**
breno isaac benedykt
sergio kon
gita k. guinsburg

Títulos do original: Les Pingouins de l'universel : antijudaïsme, antisémitisme, antisionisme
© Lignes, 2017

colaboração **manoela miklos**

equipe de realização
coordenação textual **luiz henrique soares** e **elen durando**
edição de texto **simone zac**
revisão de texto **maria victoria vanazzi abdalla**
projeto gráfico **sergio kon**
produção **ricardo w. neves** e **sergio kon**

CIP-Brasil. Catalogação na Publicação
Sindicato Nacional dos Editores de Livros, RJ

S458p
Segré, Ivan, 1973-
Os pinguins do universal : antijudaísmo, antissemitismo, antissionismo / Ivan Segré ; tradução Marise Levy Wahrhaftig ; prefácio Daniel Feldmann. - 1. ed. - São Paulo : Perspectiva : IBI, 2025.
240 p. ; 21 cm. (A questão judaica contemporânea ; 4)

Tradução de: Les pingouins de l'universel : antijudaïsme, antisémitisme, antisionisme
ISBN 978-65-5505-266-4

1. Questão judaica. 2. Antissemitismo. I. Wahrhaftig, Marise Levy. II. Feldmann, Daniel. III. Instituto Brasil-Israel. IV. Título. V. Série.

CDD: 305.8924
25-100252.1 CDU: 316.347(=411.16)

Meri Gleice Rodrigues de Souza - Bibliotecária - CRB-7/6439
01/09/2025 01/09/2025

O conteúdo desta obra não necessariamente expressa
a opinião ou o posicionamento público da editora,
do patrocinador ou da equipe de curadores da coleção.

Esta coleção contou com o patrocínio do
INSTITUTO BRASIL-ISRAEL

1ª edição

direitos em lingua portuguesa reservados à
EDITORA PERSPECTIVA LTDA.
praça dom josé gaspar, 134, cj. 111.
01047-912 são paulo sp brasil
tel: (11) 3885-8388 – 9 2456-8699
www.editoraperspectiva.com.br
2025

OS PINGUINS DO UNIVERSAL

ANTIJUDAÍSMO
ANTISSEMITISMO
ANTISSIONISMO

IVAN SEGRÉ

marise levy wahrhaftig
tradução

daniel feldmann
prefácio

Instituto Brasil-Israel

PERSPECTIVA

Para Michel Surya, compartilhando.

Desencantamento do conceito "oculto" de "guardião da porta" no comentário da história inserida no romance. Caráter inominável dessa história: ela é sem título. Ela vive como tal na dimensão de um título de tratado hebraico ou árabe.

WALTER BENJAMIN,
Projeto de Ensaio Sobre "O Processo"

sumário

prefácio

interpretando a origem e a resiliência do ódio

daniel feldmann[1]

O lançamento deste livro pela editora Perspectiva cumpre uma lacuna muito importante no debate sobre a questão judaica no Brasil. Os seus leitores poderão ter contato finalmente com a prosa inteligente e provocadora de Ivan Segré. Seus predicados de filósofo e talmudista não são meros apêndices eruditos, mas, sim, os alicerces de uma contribuição original e muito oportuna no debate francês em meio ao pântano mal-informado que, lá como aqui, tantas vezes contamina o debate sobre os temas judaicos. Nesse sentido, o livro nos oferece um meio precioso de reflexão para o período histórico nebuloso que se abriu em 7 de outubro de 2023.

Escrito em 2017, ele não poderia tratar diretamente do *pogrom* antissemita e assassino do Hamas, apoiado

1 Professor do Departamento de Economia da Universidade Federal de São Paulo (Unifesp

pelo Eixo da Resistência aos israelenses, nem tampouco dos horrores e da devastação subsequentes que até o presente momento Israel continua impondo à população palestina de Gaza. Mas nele, os leitores poderão desfrutar de uma narrativa meticulosa que vai ao centro do problema: a dinâmica de ódio que foi tanto o pano de fundo de tais acontecimentos, como também têm sido a sua consequência. Como uma primeira aproximação ao problema, notemos que Segré resgata a etimologia da palavra "Sinai", cujo significado é justamente a palavra "ódio". O talmudista nos relata duas interpretações possíveis para tanto: seria aqui um ódio eterno e ontológico, ao qual os judeus estariam destinados a ser vítimas desde que foram escolhidos por Deus? Ou seria, ao contrário, um ódio igualmente insuperável que os judeus carregariam contra os demais povos, contra os indignos gentios apartados da herança da *Torá*? Ora, é justamente contra esse falso dilema teológico que se dirige o esforço – ao mesmo tempo apaixonado e plenamente racional – da narrativa, provando mais uma vez que a questão judaica é uma questão da sociedade, uma questão materialista e histórica. Ou ainda, conforme Walter Benjamin, cuja citação abre o livro, a verdadeira teologia seria o materialismo histórico, assim como, inversamente, uma verdadeira apreensão materialista da história não poderia deixar de endereçar os dilemas teológicos que seguem atormentando a existência humana.

Para colocar o problema, Segré indaga:

> A animosidade em relação àquilo a que [...] chamaremos "o nome judeu", parece se manifestar segundo três

> maneiras: o antijudaísmo, o antissemitismo e o antissionismo. O que é, portanto, o nome judeu, assim capaz de [...] afetar tanto homens quanto mulheres ainda que, muitas vezes, não têm outra relação com esse nome a não ser a de ouvir-falar?". [...] O nome judeu remeteria, portanto, principalmente à conjunção de uma lei particular, de um povo particular e de uma terra particular. De fato, as nações, *góim* em hebraico, não se organizam de outra forma: uma lei, um povo, uma terra. Esta é a norma comum. E, no entanto, à "*Torá* de Israel" parece corresponder o antijudaísmo; ao "povo de Israel", o antissemitismo; à "terra de Israel", o antissionismo. O que explica, portanto, a animosidade de tantos homens e mulheres pelo mundo e séculos, uma vez que o nome judeu não parece ser uma exceção, mas ao contrário, uma confirmação dessa norma?

Tais questões não são em si nada novas, mas nem por isso elas deixam de intrigar e de ganhar importância ainda maior nos tempos atuais. Sabemos que o significante judeu divide, choca, provoca reações destemperadas, afetando a todos, judeus ou não. Seja para o filossemita, seja para o antissemita, tal significante corresponde a uma coleção de significados falsos, projetivos e mistificados. E aqui entra a metáfora cômica e pessoal de Segré dos judeus como estranhos e gelados "pinguins". Também como consequência do 7 de outubro, abriu-se a Caixa de Pandora de um fenômeno que, na ausência de termo melhor, definiremos aqui como *judeologia* e que aparece tanto no debate público como no debate acadêmico. De repente, aparecem em todo canto diversos pretensiosos "especialistas" que defendem as teses mais excêntricas e apelativas acerca da questão judaica. Debates há muito tidos como consolidados reaparecem com ares de novidade, buscando com eles monetizar livros ou conteúdos em redes sociais – de uma forma que, por vezes, parece emular a venda mercantil de pinguins para se enfeitar uma geladeira. Desse ponto de vista, a pertinente genealogia dos significados do nome judeu por Segré é um método que decorre da exigência objetiva de se restabelecer seriamente os termos do debate. Isso já justificaria por si só a leitura do livro. Mas ainda há mais...

os pinguins do universal e persistência da má teologia

Mas porque tais Pinguins seriam os do Universal? Nesse ponto Segré nos sugere um debate menos óbvio no qual sua abordagem pode ser muito iluminadora. O nome judeu não atrai para si apenas a hostilidade de sempre ao estrangeiro, não é simplesmente mais uma xenofobia ou mais um tipo de racismo entre outros. O judeu será visto como um tipo singular de povo suspeito justamente pelo fato de sempre na história estar associado de forma negativa ao Universal. Mais precisamente o *O nome judeu suscitaria a animosidade porque impede o emprego do operador todo*, isto é, o judeu encarna aquilo que impede uma dada totalidade se estabelecer como plena, exitosa, feliz. Daí o pecado quase ontológico e trans-histórico atribuído ao judeu

Conhecemos a origem dessa história. As pretensões do monoteísmo em versão cristã de criar nada menos que um Universo reconciliado de amor e fraternidade seriam negadas, na prática, por uma vida concreta e material de opressão e dor dos homens e mulheres. Isso conferirá aos judeus o lugar de algo muito mais complexo e duradouro do que o lugar convencional do estrangeiro. Nas palavras de Segré, o judeu ocupará o lugar de uma "exterioridade fundamental". Uma exterioridade que, paradoxalmente, é tanto mais profunda quanto mais os judeus vivem plenamente dentro do Universo Cristão. Justamente porque viviam em meio a sociedades que se alimentavam da promessa de salvação já realizada na Terra, sendo ainda tidos não apenas como as testemunhas, mas também como os carrascos dessa promessa encarnada em Cristo, são os judeus que deverão encarnar na pele a desconfiança e a responsabilidade por uma totalidade que nunca se firmava como pretendia. Uma totalidade cuja redenção parecia ser desmentida por um cotidiano de miséria, injustiça e sofrimento. No momento mesmo em que o cristianismo passa a pregar algo de inédito na História – a existência de uma comunidade humana universal consciente de si mesma – surge o imperativo de se perseguir aquele elemento humano que destoa da pregação. Ou como disse Jean-Luc Nancy, foi preciso excluir o judeu de si mesmo.

Num mundo justificado teologicamente, o fato de os judeus serem um povo ao mesmo tempo dentro e fora do Todo que se quer absoluto do Cristianismo daria origem ao antijudaísmo. O nome judeu seria, então, o nome por excelência do não idêntico, denunciando algo insuportável: a falsidade da pretensa identidade universal da salvação. Os judeus se tornaram, assim, tanto os culpados, como a prova encarnada da impossibilidade da unidade do mundo. Mas, justamente, a questão para a qual Segré nos chama atenção é a de que é tanto na forma racializada que o judeu será posteriormente estigmatizado – o antissemitismo –, como em grande parte no que viria a ser, em nosso tempo, conhecido como antissionismo. Haveria aí a persistência uma má teologia escondida por trás de discursos aparentemente racionais e informados pelo "desencantamento" moderno do mundo. A nosso ver, a narrativa do autor ajuda a reatualizar e conferir verdade a uma passagem[2] de Sartre que insiste na resiliência através dos tempos do caráter teológico da aversão aos judeus.

Precisemos aqui o argumento. Se é verdade que os significados negativos que remetem ao significante judeu foram mudando ao longo da história, persiste por outro lado uma continuidade notável que reside no fato de que sempre o nome judeu se refere ao conjunto da civilização como tal. Por definição, o mal-estar civilizacional só poder ser algo que se refere ao todo, ao sistema, ao universo, como se queira chamar. Por isso que, diferentemente de outras formas de racismo que, via-de-regra, hostilizam aqueles considerados bárbaros, limitados ou

2 "Já se refletiu sobre a situação intolerável desses homens condenados a viver no seio de uma sociedade que adora o Deus que eles mataram?" (J.-P. Sartre, *Anti-Semite and Jew*, p. 48.)

não-civilizados, o judeu será visto como um usurpador e manipulador nocivo e sem-limites da própria civilização. Ora, tal manipulação e usurpação, por sua vez, só pode estar ligada a poderes extraordinários, quase sobre-humanos. Eis aqui, não apenas a origem do mito da conspiração global judaica, mas também da sábia observação de Leon Pinsker de que o antissemitismo no fundo nunca é sobre o judeu concreto, mas sobre um fantasma projetado no judeu. É precisamente tal figura fantasmática que impregna o nome judeu de um perene significado teológico.

Se, no início, o fantasma judeu apareceu como o Anticristo, a fantasmagoria se prolongaria depois com o advento da modernidade capitalista. A nova totalidade moderna que se vai buscando afirmar e legitimar é também ela incompleta, antagônica e falsa em relação às suas promessas. Mais importante ainda, os seus novos mecanismos de dominação são opacos, impessoais, abstratos e em grande medida incompreensíveis. A heteronomia do indivíduo diante dos processos sociais, a dominação fetichista das coisas sobre cada uma das pessoas, refuncionaliza o antigo fetiche – palavra cuja origem vem de "feitiço" – do nome judeu. Agora, o pecado que o ser humano judeu deverá expiar advém do fato de que ele personifica e encarna de forma concreta os pecados advindos de mecanismos sociais abstratos que toda a sociedade pratica, mas de que não consegue ou não quer se desvencilhar. Daí os novos avatares do fantasma judeu: como a personificação da "fantasmagoria real" que advém do caráter abstrato do valor e da mercadoria, como nos mostrou

Moishe Postone, como portador de uma cidadania desleal, artificial e igualmente abstrata que atenta contra a comunidade "verdadeira" e a Nação, como propagandista desenraizado de ideias desenraizadoras que subvertem e dissolvem a pretensa estabilidade e harmonia da sociedade etc.

Destarte, o nome judeu persistirá como um alvo fantasmático e como a obsessão de uma má teologia. A força desta última pode ser entendida como sintoma de um mundo cada vez mais distanciado e hostil à utopia materialista-teológica de Benjamin. A ausência de redenção, sempre frustrada pelas artimanhas da história, suscita a tentação de novos sacrifícios que podem ser simbólicos, mas também, no limite, podem levar às câmaras de gás[3]. E mesmo nos meios progressistas, como mostrou Jean Améry, um "antissemitismo redentor" e pseudomoralista paira sempre como uma gratificação substituta do que poderia ser a verdadeira redenção. Por isso, o esforço de Segré que busca mostrar a persistência de certos elementos dessa má teologia, mesmo em insuspeitos e autodeclarados representantes da razão e do pensamento crítico, nos parece central. Sobretudo em tempos como os nossos, de crise civilizacional e de desorientação diante do curso destrutivo do mundo, que impele novos teólogos a renovarem sua caça aos fantasmas e pinguins...[4]

■ ■ ■

3 Como nos lembra Segré, havia também uma teologia assassina em Hitler quando este dizia que "fórmula de Hitler: 'não há na terra lugar para dois povos eleitos'".

4 Tempos estranhos esses os nossos em que inclusive a má teologia de diferentes origens nem sequer precisa aparecer travestida por argumento ▸

a história e suas anomalias...

Wilhelm Marr, precursor do nazismo e o inventor alemão do termo "antissemitismo", no final do século XIX dizia não ter "nada contra a religião judaica, mas apenas contra a raça judia". Hoje a máxima de que "Não tenho nada contra os judeus, mas apenas contra os sionistas" virou um lugar comum, cujas consequências políticas serão o objeto polêmico conduzido por Segré a partir da segunda metade do livro. Assim, Segré buscará desmontar os artifícios retóricos que conscientemente ou não impedem qualquer discussão séria – materialista, ele diria – sobre os significantes "sionismo" e "Israel". Com tais significantes entrando em cena, mudam-se inequivocamente os termos do debate, como veremos, mas isso não impede que eles, mais uma vez, encarnem os mesmos Pinguins do Universal que congelam não apenas o pensamento, mas também qualquer saída para a tragédia do Oriente Médio.

Na medida em que os "desenraizados" judeus voltam à Terra de Israel, eles se "normalizam" com todas as consequências deletérias da vida feia dos Estados-Nação: guerras, repressão, racismo, expulsões, opressão de décadas dos palestinos. Surge um dado novo na história:

▪ ▪ ▪

▷ lógicos ou racionais. Assim, um dos principais representantes da Teologia da Libertação no Brasil se permite afirmar que brutalidade de Israel em Gaza é um sintoma "daqueles que rejeitaram no passado o amor de Cristo". De outro lado, em certas camadas da comunidade evangélica do Brasil, vemos uma defesa incondicional dos ataques à Gaza derivada da uma leitura teológica e apocalíptica sobre Israel que nada tem a ver nem com o país e nem com os judeus de forma concreta.

em nome de Israel e do sionismo, judeus também agora cometem violências, crimes, matam, impõem a expansão de seu território, não são mais apenas as vítimas. Daí a necessidade de combate a tais mazelas, que deve ser dirigida contra Israel, assim como a qualquer estado, país ou movimento nacional. Mas todo o problema trazido por Segré é que o assim chamado antissionismo se pauta em critérios de demarcação muito diferentes. Seu elemento definidor não será a crítica determinada e objetiva dos pecados cometidos por Israel, mas sim a crítica teológica de um pecado original que adviria da própria existência de um Estado judeu. Se assim não o fosse, um antissionismo coerente deveria ser, entre várias outras coisas, também um "antiarabismo". Afinal, diante de sua procissão de pecados contra curdos, negros sudaneses, judeus, berberes, contra as próprias populações árabes etc., o nacionalismo e os Estados árabes não deveriam merecer o mesmo veredito de ilegitimidade e proscrição que se proclama contra Israel e o sionismo? Afora uma posição de princípio pelo fim imediato de todos os Estados, por que alguns devem perecer já e outros devem viver para todo o sempre?

Por isso, dirá Segré, se a generalidade do mal é um mau argumento em qualquer discussão, nem por isso será melhor a posição dos novos apóstolos de uma nova excepcionalidade do mal. A negação única e exclusiva do nacionalismo dos judeus não seria apenas fruto de insuficiência crítica ou incoerência da parte de tais apóstolos, mas também uma nova atribuição de exceção falsamente travestida de Universalismo. O caráter *sui-generis* da nacionalidade judaica passa então a ser lida fraudulentamente como o de uma não nação, cujo nacionalismo só poderia logicamente ser fictício e artificial. No limite degradado em que por vezes o debate tem chegado, vindo de parcelas da esquerda à direita, os judeus não passariam de um "povo inventado", emulando o velho argumento nazista da inautenticidade de um povo desprovido de uma origem comum de *Blut und Boden* (sangue e solo). Assim, não por coincidência, uma má teologia informada por um universalismo abstrato será erguida contra o nacionalismo daqueles que sempre foram perseguidos como os fantasmas abstratos por excelência.

É verdade que, num primeiro momento, como Segré também nos lembra, esse universalismo abstrato continha uma promessa progressista calcada em liberdades individuais que seduziu milhões: "aos judeus tudo como indivíduos, mas nada como nação" afirmava-se na Assembleia Constituinte da Revolução Francesa[5]. Todo o problema é que a história tomou um caminho totalmente oposto a mais essa esperança iluminista. No século XX o que seria negado aos judeus não seria apenas seu estatuto enquanto nação, mas o seu próprio estatuto de seres humanos[6]. Destarte será a situação de "nada como

5 Houve, é claro, exceções importantes a esse universalismo abstrato que queria negar aos judeus seu caráter nacional. Segré nos oferece um resgate muito interessante das visões de Spinoza e de Rousseau, que viam como o desenvolvimento autônomo de uma nacionalidade judaica era um caminho possível, e talvez mesmo desejável, segundo os princípios da razão contra o obscurantismo antijudaico.

6 Aqui cabe uma observação de Arendt pouco discutida ou convenientemente esquecida: "a restauração dos direitos humanos, como o exemplo recente do Estado de Israel prova, foi alcançada até agora através da restauração ou do estabelecimento de direitos nacionais. O mundo ▸

nação, mas também nada como indivíduos" que impelirá primeiro os europeus e depois também os judeus do mundo árabe para a saída estatal sionista.

Assim, o antissionismo para Segré recairia numa peculiar inversão. Ao invés de criticar a anomalia histórica que empurrou os judeus para uma saída nacional e territorial, ele inverteria a história de forma a tratar tal saída como a própria essência de uma anomalia. Em nosso tempo, a mesma inversão se prolonga em leituras acadêmicas que se pretendem decoloniais sobre o conflito Israel-Palestina. Traduzindo o conflito como uma oposição estanque entre povos estrangeiros e originários, o que acaba também se desdobrando na oposição natural *vs* artificial ou ainda autêntico *vs* inautêntico, tais leituras acabam por ser inseparáveis de um maniqueísmo a-histórico entre bem e mal. Duas ordens de problemas daí se sucedem. Em primeiro lugar, Israel tomado como a anomalia passa a ser o alvo das mesmas projeções fantasmáticas sobre o judeu abstrato em detrimento dos verdadeiros "povos concretos"[7]. Em segundo lugar, e ligado à questão anterior, a mesma pecha que se atribui ao sionismo pode ser invocada em outros contextos por uma extrema-direita ocidental que reivindica precisamente seu "nativismo" e seu culto ao

▪ ▪ ▪

▹ não encontrou nada sagrado na nudez abstrata de ser humano". (*The Origin of Totalitarism*, p. 299.)

7 Essa é a tese do militante ecológico e entusiasta sueco do Hamas, Andreas Malm (2017), para quem Israel seria uma "força estrangeira, perigosa e destrutiva" que ameaça o planeta inteiro enquanto que "adotar a posição palestina é, finalmente, escolher a natureza como a última e mais poderosa aliada". Ainda sobre este tema, ver também de Segré (*Israel-Palestine, le salut viendra d'Iran* 2025)

"autóctone" contra a "invasão" de imigrantes oriundos do Sul Global[8]. Tais aporias do pensamento decolonial são um capítulo à parte do livro. Registramos aqui apenas que a subsunção de todas as questões à clivagem decolonial *vs* colonial na melhor das hipóteses elide a questão judaica (os judeus nunca foram colonizados, mas nem por isso foram menos perseguidos) e, na pior delas, iguala a aspiração nacional judaica como tal a todos os crimes do colonialismo. No limite, para a moda decolonial nas universidades ocidentais, os judeus, depois de serem empurrados pelo Ocidente para a Palestina, deveriam abrir mão, sem mais, de seu nacionalismo, agora tornado símbolo da própria perversidade ocidental...

questão nacional e sua dialética

O debate acima sobre a questão nacional judaica será decisivo para sustentar a visão idiossincrática e original de Segré sobre o conflito Israel-Palestina. De que forma? De cara, vale notar que Segré rechaça outra falsa narrativa comum que busca pautar a relação entre israelenses e palestinos num plano simétrico, de igualdade, posição esta que, nos fatos, ignora que só é possível qualquer

8 Num tuíte ano passado apoiado por Elon Musk, um influenciador americano de extrema-direita afirmou que os "judeus estimulam o ódio dialético contra os brancos" por apoiarem a imigração para o Ocidente de "hordas de minorias". Ou seja, contra o Ocidente branco, o judeu conspirador e indesejável seria o responsável por estimular a imigração de minorias, aí certamente inclusos árabes e muçulmanos indesejáveis. Antissemitismo e islamofobia podem muito bem andar juntos.

solução efetiva com a dissolução dos inúmeros dispositivos de opressão e dominação que Israel perpetra sobre os palestinos. A tragédia nacional palestina – que emerge no confronto histórico com o sionismo e que hoje atinge seu clímax desesperador, com o morticínio e os inúmeros crimes de guerra cometidos por Israel em Gaza – é aprofundada por uma crescente assimetria de poder. Afinal, se estamos falando de questão nacional, os palestinos estão cada vez mais submetidos ao tacão da ocupação e da colonização; cada vez mais distantes de sua soberania e autodeterminação.

Entretanto, argumentará Segré, qualquer narrativa que se paute pela negação de uma ou outra nacionalidade faz parte do próprio beco sem saída do conflito, fazendo acender o ódio nacionalista que hoje, ademais, é dirigido politicamente pelo fundamentalismo judaico e islâmico. Em nossa leitura, teríamos assim uma dada dialética *sui generis* do conflito, em que também a afirmação de ambas as aspirações nacionais seria ainda hoje a pré-condição para uma utopia efetivamente pós-nacional. E é por este ângulo que a crítica da teologia antissionista de Segré se liga ao problema material e histórico do nosso tempo. Depois de empurrados pela história para o Estado-nação, deveriam os judeus sacrificá-lo antes dos demais povos? Se é verdade que o Estado-nação persiste como um anacronismo, uma reminiscência bárbara que é causa e consequência da miséria e estreiteza humana, não seria sua superação uma tarefa do Universal e não apenas de seus... Pinguins?

Decerto, tais questões não resolvem por si o drama imediato que confronta Israel: sua transformação numa espécie de neo-Esparta da guerra permanente, a escalada fascista que envenena a sociedade manipulando medos e politizando ódios e uma razão de Estado enebriada por uma teologia messiânica de idolatria da força e da desumanização e morte dos palestinos. O próprio fim de Israel deixa de ser apenas a bandeira de seus inimigos externos, pois agora a própria dinâmica interna também paira como uma ameaça ao país. E aqui se coloca o problema da crítica da violência do Estado judeu e do que poderíamos chamar do sionismo realmente existente hoje. Este último precisa ser derrotado. Mas seria essa uma derrota e abolição do sionismo como tal? O curto-circuito apontado por Segré se dá quando a crítica universalista aos males cometidos pelo Estado judeu se confunde com o ressentimento dirigido ao caráter supostamente judaico de tais males, sendo aqui novamente o nome judeu/sionista tomado como posto avançado do mal universal. Quanto mais Israel entra num curso de barbárie aberta, mais um persistente espírito coletivo antissemita se sente vindicado em liberar seu desejo de matar judeus.

Se seria talvez injusto atribuir a todos os representantes do antissionismo de cátedra tais intenções subjetivas, no mínimo sua narrativa produz um endosso tácito do antissionismo realmente existente como força política. A razão de Estado deste último no Oriente Médio é destruir Israel e sua ideologia é muito popular agora mundo afora; ele clama que matar "sionistas" é uma espécie de *fair play.* Aqui, a projeção do mal universal sobre os judeus serve para justificar o próprio quinhão particular de mal presente nesse antissionismo da prática. Isso se expressa não apenas na intenção de atacar os judeus, mas, sobretudo, pela barbárie já realizada pelo Eixo da Resistência, por exemplo, na Síria – onde Assad, com ajuda do Irã, Hezbollah e Putin, matou meio milhão de pessoas. Se hoje a tragédia maior que deve ser evitada a todo custo é o prosseguimento dos bombardeios e a reocupação com provável limpeza étnica em Gaza, num passado recente tal tragédia se deu nos 100 mil torturados até a morte na Síria – tal como revelado com a liberação da prisão de Sednaya –, com o silêncio e, em certos casos, mesmo com a complacência da esquerda antissionista.

Portanto, o que Segré chama de única saída progressista possível seria apoiar-se nas forças sociais e democráticas dos diferentes povos do Oriente Médio, todos eles confrontados com governos e forças políticas sustentadas por ódio, opressão e violência[9]. Parte dessa tarefa, que implica diretamente os judeus, seria a transformação profunda do curso atual da política israelense. Mas um pressuposto crucial para a derrota de tal política seria também a derrota das forças que, em nome do antissionismo, não aceitam a nacionalidade judaica como tal. Qual será o estatuto dos judeus em um Oriente Médio em ebulição sem fim e num mundo no qual o antissemitismo (como também a islamofobia) cresce sobremaneira?

Tal saída progressista no que diz respeito mais diretamente ao conflito Israel-Palestina implicaria num estado binacional. A originalidade da proposta de Segré

9 Ver também Segré, *L'Égarement antisioniste: le cas d'Andreas Malm* (2024)

reside no fato de ela ser proposta não contra o sionismo, mas em seu próprio nome, reatando assim com uma tradição pouco conhecida e que se perdeu no tempo. Podemos perfeitamente discutir até que ponto tal proposta é realista ou factível. Afinal, não apenas o balanço de forças atual se encaminha para a supremacia judaica em todo o território, como também o ódio acumulado que hoje chega às raias do paroxismo entre judeus e palestinos torna a proposta difícil até de se imaginar. Todavia, cremos, mais importante do que debater a sua efetividade prática é perceber o caminho que ela sinaliza. Segré nos mostra que, na correta interpretação do *Talmud*, o nome Sinai não quer dizer ódio aos judeus ou um ódio que parte dos judeus, mas sim o ódio universal à idolatria. Idolatria esta que, hoje, poderíamos chamar de ódio identitário, fenômeno universal de nosso tempo. Aqui reside a força do materialismo de Segré contra as más teologias de diferentes proveniências...

referências bibliográficas

ARENDT, Hannah. *The Origins of Totalitarianism*. Meridian Books, 1966.

MALM, Andreas. The Walls of the Tank: On Palestinian Resistance. *Salvage*, 1 May 2017. Disponível em https://salvage.zone/in-print/the-walls-of-the-tank-on-palestinian-resistance.

SARTRE, Jean-Paul. *Anti-Semite and Jew*. New York: Schocken Books, 1948.

SEGRÉ, Ivan. *Israël-Palestine, le salut viendra d'Iran*. Disponível em: <https://lundi.am/Israel-Palestine-le-salut-viendra-d-Iran>. Acesso em: 11 mar. 2024. (Trad. bras.: *Reflexões Sobre o Racismo*, São Paulo: Perspectiva/IBI, 2025.)

SEGRÉ, Ivan. *L'Égarement antisioniste: Le Cas d'Andreas Malm*. Disponível em: <https://lundi.am/L-egarement-antisioniste-le-cas-d-Andreas-Malm>. Acesso em: 31 mar. 2025.

advertência

Um amigo de sempre, talmudista, videomaker, fotógrafo e poeta, submeteu uma obra de estilo experimental a um grupo militante (aliando pesquisa artística e política), com o objetivo de projetá-la na ocasião de uma de suas sessões públicas. Foi-lhe respondido que não iriam de forma alguma projetar um filme "sionista". De fato, podia-se ver ali judeus ortodoxos, vestidos de preto e branco, em Israel.

O amigo respondeu que absolutamente não era um filme de propaganda e que, aliás, os judeus ortodoxos em questão não eram "sionistas". Fizeram-no observar que se via ali Ivan Segré e que este, em todo caso, era "sionista". Isso seria suficiente para excluir qualquer projeção dessa obra experimental, que, no entanto, era de uma beleza serena.

Essa deliciosa anedota me deu a ideia de um livro, que seria como o avesso talmúdico, histórico e político do filme em questão, e uma resposta aos antissionistas desse tipo.

Se o subtítulo do livro especifica o campo de investigação, seu título é, em contrapartida, mais enigmático. Mas bastará ao leitor ter em mente que o "sionista" que eu era – vestido de preto e branco na Jerusalém coberta de neve – talvez não deixasse de ter semelhança, visto de longe, com um pinguim... Seria preciso aproximar-se mais, até poder distinguir o homem do animal.

prólogo

Somente o dualismo do signo, levando a uma primazia do sentido, a esta busca do sentido, conduziu essa exaustiva pesquisa da identidade. Mas a significância não é uma identidade, é uma atividade.

HENRI MESCHONNICH,
Jona et le signifiant errant

Em um voo que liga Praga a Tel-Aviv, não consigo nem ler, nem dormir. Disponho, assim como outros passageiros, de uma tela de vídeo e, meio ao acaso, escolho um filme, um thriller americano: *Triple 9*, de John Hillcoat (2016). Deixemos o tempo correr... O filme inicia: homens com armas, altamente equipados, muito profissionais, empreendem um assalto, apropriam-se dos documentos guardados em uma caixa-forte e escapam. Mas a operação fracassa, ocorrem trocas de tiros em plena rodovia, a vida de civis é colocada em perigo, há feridos e, com certeza, mortos. Os criminosos fogem com seu saque. Parece, então, tratar-se de policiais que levam uma vida dupla: policial em uma face, bandido em outra. Na cena seguinte, o líder do grupo vai entregar os documentos roubados para aqueles que comandaram a operação, da qual os policiais-bandidos eram apenas os executores. O homem chega a um abatedouro, de onde caminhões frigoríficos embarcam carcaças de carne. Nos caminhões, uma estrela de David e a inscrição: "kosher". O policial-bandido encontra ali dois homens vestidos de preto e branco, como os judeus ortodoxos: camisas brancas, casacos e calças pretas, quipás pretas, barbas pretas, também com as franjas, os *tsitsiths*, uma espécie de fios finos brancos que sobressaem em ambos os lados da cintura. São, aparentemente, judeus ortodoxos, mas, sobretudo, elementos da máfia judaica, a quem são destinados os documentos. Surge então uma mulher, bonita, loura, maquiavélica. Segue a cena do filme que expõe o enredo.

O chefe dos policiais-bandidos é um negro americano, foi casado com a irmã da mulher loura, com quem teve um filho antes de se divorciar. Foi assim que ele iniciou a relação com a máfia judaica: sua mulher era irmã da bela mafiosa loura. A esposa o deixou, foi para Tel-Aviv com a criança. Ele está em Atlanta, onde entrega os documentos para a irmã da ex-mulher, sob a vigilância de dois judeus ortodoxos, que são capangas (fortemente armados, ameaçadores, antipáticos). Ele pede notícias do filho. Dizem-lhe que em breve poderá vê-lo... o enredo está bem encadeado: o policial negro é o executor de uma mafiosa judia, porque ela mantém seu filho como refém (por intermédio de sua irmã, a mãe). Dito de outra forma, a mulher mafiosa judia o segura pelos c… Será que amor, o casamento, a criança, não teriam outro propósito que não o de poder, posteriormente, coagi-lo? Ele se associou a colegas para executar as ordens da máfia judaica, que paga os serviços que exige. As ordens que recebe da mulher parecem vir da Rússia, mas o destino é Israel. Atlanta é o local das operações. Portanto, é ele, o policial negro ex-marido de uma judia ligada à máfia judaica, que introduz o verme na fruta da polícia, sendo que ele mesmo "apodreceu", sob a coação.

Triple 9 – "os três 9" que, no código da polícia, sinalizam que um policial está em apuros e que todas as forças da polícia são requisitadas em urgência – é a história de uma gangrena que comporta duas vertentes: a que vem do interior que domina a polícia, a que vem do exterior que domina a cidade de Atlanta, onde reina a violência das gangues de negros e latinos. Felizmente, policiais virtuosos saberão cortar o galho podre da árvore antes que ele mine a polícia por dentro. São notadamente dois homens, um chefe da polícia e seu sobrinho, um jovem recruta. São cristãos e brancos. Em uma cena do filme, o crucifixo na casa do sobrinho, um bom policial, é suficientemente visível para que não se tenha nenhuma dúvida a esse respeito: existem policiais cristãos e brancos, que depositaram sua fé no crucifixo; existem ovelhas desgarradas, policiais notadamente negros e latinos, que se tornaram podres porque se associaram à máfia; e existe a máfia, que é judaica, representada por essa mulher maquiavélica, seus capangas vestidos de preto e branco, e seu caminhão de câmera fria ornado com a estrela de Davi. Foi um thriller de forte suspense. Acendem-se as luzes. O avião inicia a aterrisagem em Tel-Aviv. Não vi o tempo passar.

No site dos *Inrockuptibes*, descubro a crítica bem-humorada de Serge Kaganski, que considera esse thriller um modelo do gênero. No entanto, o autor expressa uma reserva, explicando que, olhando atentamente, "um elemento incomoda um pouco":

> Todos os podres (ou meio-podres) são judeus, negros ou latinos, enquanto os heróis puros e duros são *wasps*. Certamente, dentre os *bad guys*, alguns têm problemas de consciência, o que indica que Hillcoat toma o cuidado de evitar qualquer essencialismo. Mesmo assim, é um pouco incômodo, pois corre o risco de passar a mensagem subliminar segundo a qual a corrupção da sociedade americana provém dos imigrantes (*métèques*)[1] de todos os horizontes. Apesar dessa espantosa falta de habilidade, *Triple 9* é um filme policial hiperexcitante que segue os passos de Mann ou de Fincher e merece um bom triplo 9 em 10.[2]

O crítico de cinema não deixou de ressaltar: existem personagens "podres", que são os judeus da máfia;

---

1 A palavra *métèque*, muitas vezes utilizada para referir-se a imigrantes estabelecidos na França, tem uma conotação pejorativa, racista. (N. da T.)

2 Serge Kaganski, Triple 9: Un polar hyper excitant avec une Kate Winslet méconnaissable et géniale. *Les Inrockuptibles*, 11 mar. 2016. Disponível em: <https://www.lesinrocks.com/cinema/triple-9-21648-11-03-2016/>.

os "meio-podres", que são os policiais associados à máfia, negros e latinos; e os "heróis", os bons policiais íntegros, fiéis e devotos, que são *wasps*. Dito isso, continua Kaganski, o diretor tomaria cuidado "de evitar qualquer essencialismo", uma vez que dentre os "meio-podres", negros e latinos, "alguns têm problemas de consciência". Para esses homens, estando por um lado ligados à máfia judaica, e por um outro à polícia americana, a consciência é de fato o teatro de um conflito. Apesar disso, "É um pouco incômodo mesmo assim [...]." O crítico conclui que há uma "falta de habilidade", e não leva isso em consideração em um filme que, por outro lado, "merece um bom triplo 9 em 10". No entanto, ele se engana a respeito de um detalhe: a "mensagem subliminar" não é aquela que ele diz ser, pois "a corrupção da sociedade americana" não vem "dos imigrantes de todos os horizontes", mas exclusivamente da máfia judaica, que corrompe os fracos – negros e latinos –, por meio de um estratagema maquiavélico, talvez, diabólico: as vestes vermelhas da judia, em uma cena crucial do filme, são grosseiramente alusivas, de fato, assim como o crucifixo pendurado na parede do policial virtuoso está colocado como contraponto ao jornal escrito em hebraico que a mafiosa lê em algum momento. Nada que se assemelhe, portanto, a uma "espantosa falta de habilidade", mas um cenário bem elaborado, onde estão dispostos o mal de um lado e o bem do outro e, no meio, o elo fraco: o filho do policial negro mantido refém pela mulher judia. – Chego à alfândega do aeroporto Ben-Gurion de Tel-Aviv. Uma mulher loura, atrás do vidro, examina meu passaporte.

Acho seus olhos amáveis. É de manhã cedo. Ela olha para mim por um breve momento. "O que o senhor vem fazer em Israel? – Vender minha alma ao diabo."

■ ■ ■

No Post-Scriptum de um livro de diálogo com Alain Badiou sobre a política e a filosofia de nosso tempo, intitulado *Controverse* (Controvérsia), Jean-Claude Milner expõe uma doutrina do nome político que podemos resumir em três enunciados: a. "um nome é tanto mais político quanto mais profundamente divide os adversários"; b. "[o nome operário] havia sido o divisor por excelência no século XIX. Ele deixou de ser"; c. "Se o século XX ocorreu, foi por uma segunda razão: o nome judeu voltou a ser um nome político, ou seja, um nome divisor." Tendo Milner exposto sua doutrina, Alain Badiou lhe responde:

> Um nome é político, diria eu, se divide somente na medida em que inscreve a vontade de uma unidade superior. É por isso que é impossível que um nome político seja o de uma identidade: uma identidade divide-se apenas para se manter, até mesmo purificar-se. Apenas uma Ideia divide por seu poder de unificação. Nenhuma identidade é universal, somente o é aquilo que ultrapassa qualquer identidade na direção de uma multiplicidade genérica.[3]

■ ■ ■

3 Alain Badiou; Jean-Claude Milner, *Controverse. Dialogue sur la politique et la philosophie de notre temps*, Paris: Seuil, 2012, p. 179-180 e p. 185. (Dir. Philippe Petit.)

Percebe-se facilmente, de fato, o que a doutrina de Milner induz: tratar-se-ia de substituir os nomes de uma "multiplicidade genérica" – digamos o nome *operário* em sua acepção comunista – pelo nome de uma identidade, neste caso, o *nome judeu*. Em outras palavras, a ilusão que o nome comunista traz seria hoje dissipada, o desmoronamento do bloco soviético, após a revelação dos campos da Sibéria, como prova, e sobre suas ruínas renasceria o *nome judeu*, voltando a ser, uma vez dissipada a ilusão comunista, o nome político por excelência, aquele que divide de modo mais profundo seus adversários. As superproduções hollywoodianas seriam testemunhas disso. Após o desaparecimento do inimigo soviético, o império do mal passou a ser representado por novas figuras, o Islã, é claro, mas também às vezes a China ou a Rússia, ou ainda, os judeus. E *Triple 9* é o indicador de uma transição possível: a mulher diabólica recebe ordens de Moscou, mas seu destino é Israel.

Afirmar que o *nome judeu* é o nome político por excelência, pois divide profundamente os adversários, enquanto o nome *operário* não teria, em última análise, outra função que não a de encobrir o *nome judeu*, de recalcá-lo, de riscá-lo, eis aqui, talvez, o cerne daquilo que propus chamar, em duas obras anteriores, de a *reação filossemita*[4]. A operação, de fato, contribui para dar ao nome *operário* nenhuma outra consistência que não a de uma negação: rasurar o *nome judeu* – a prova disso

4 Ver *La Réaction philosémite* e *L'Intellectuel compulsif*. (*La Reaction philosémite II*, Paris: Lignes, 2009 e 2015.)

é que, uma vez dissipada a ilusão, do comunismo nada restaria a não ser um antijudaísmo até então latente[5]. É sobre esse tema que selei com Alain Badiou uma espécie de aliança política e filosófica, combatendo a instrumentalização, ora farsesca (Finkielkraut), ora cômica (Milner) do *nome judeu*.

Chegou a hora de associar a ele o outro lado, digamos, a face trágica da questão: será o "nome judeu" o nome de uma identidade, ou divide tão profundamente porque ele mesmo é dividido? E, se for esse o caso, que divisão divide o nome judeu? Podemos considerar que esse nome designa uma *identidade*, ou então concebê-lo de forma completamente diferente, notadamente como uma *atividade*, no sentido que entende Henri Meschonnic quando opõe à "busca exaustiva de identidade", a "atividade" da significância. Suponhamos então que a "atividade" do "nome judeu" visa a superar "a dualidade do signo". E consideremos a hipótese de que é a tal "atividade", mais do que a identidade, que explica a longa história das animosidades suscitadas por este nome: "judeu". Para começar a fazê-lo ser ouvido, continuemos nossa fábula. Em seguida, iremos para a História.

■ ■ ■

■ ■ ■

5 Em *L'Arrogance du présent* (Paris: Grasset, 2009), Jean-Claude Milner escreve: "Quem ousará dizer em voz alta que o único verdadeiro acontecimento do século XX é o retorno do nome judeu? Com um corolário: o desaparecimento do nome operário. [...] Conclusão: quando exaltamos o nome operário, nos comprometemos necessariamente com uma negação; deixando de lado a canção de ninar da regressão infantil, visamos apenas a um efeito: negar o que é para explicar o que não é" (p. 212-213).

O tio Victor vive normalmente na América. Meu tio Victor vivia na Hungria, em Budapeste. É uma história engraçada. Ele nasceu em 1926 no Cairo, Egito, de um pai vindo provavelmente da Itália e de uma mãe vinda da Rússia, em consequência dos *pogroms*. Expulso do Egito em 1949 em função de seu ativismo político – era um comunista –, Victor, apátrida, desembarcou na Itália, de onde partiu imediatamente para Israel, onde continuou suas atividades militantes. Ele encontrou Eva, uma húngara, também comunista. Após dez anos vividos em Israel, foram viver na França, e depois, finalmente, na Hungria. O tio Victor vivia, portanto, na Hungria. Faleceu em 2014, cinco anos após a morte de Eva. Não tiveram filhos. O nome hebraico de Victor era *Haim*, que significa "vida" ou o "vivo". O nome de sua esposa, Eva, em hebraico *Hava*, a esposa de Adão, *Eve* em francês. No *Gênesis*, lemos que "o homem deu o nome Eva para sua companheira, porque ela foi a mãe de todos os vivos" (tradução do Rabinato). *Hava* e *Haim* provêm da mesma raiz hebraica: a palavra em hebraico *hai*, "vida".

Victor e Eva se falavam em hebraico, ainda que vivessem na Hungria. Era a língua de seu encontro, de seu amor. Não era uma língua materna nem para ele, nem para ela. Nascida na Hungria, onde cresceu, a língua materna de Eva era o húngaro. Depois, foi viver em Israel, na flor de sua juventude. Era-lhe difícil sentir-se húngara após a guerra. Ela também não conseguiu se sentir israelense. Retornou finalmente a viver na Hungria, onde continuou a falar em hebraico com Victor, na intimidade. Victor, no entanto, aprendera húngaro. Tinha o dom para línguas. Falava fluentemente francês, inglês, árabe, hebraico e húngaro – e possuía conhecimentos rudimentares de outras línguas. Era um poliglota, mas de um tipo muito particular, pois essas línguas, ele as falava *todas* com um sotaque. Recordo-me de um ator de teatro, de algum país da Europa central, citando um provérbio de seu país de origem que dizia que o sotaque é só o que resta para um exilado. Um americano, um russo ou um chinês exilado na França mantém algo de seu país de origem, ou seja, seu sotaque. Victor falava sempre com um sotaque indefinido, seja ao falar francês, inglês, árabe, hebraico ou húngaro. Era o sinal de uma estrangeiridade irremissível. Victor era judeu, nesse sentido. Meditando a experiência matricial do profeta Jonas, Henri Meschonnic escreve:

> Se um significante necessita de um sujeito para ser uma enunciação – sem o qual ele nada mais é que um enunciado –, da mesma forma, só há sujeito, sujeito da enunciação, sujeito linguístico e antropológico, se esse sujeito tiver um significante. Ou melhor, se ele estiver no seu significante. Maternal não necessariamente porque nascemos ali. Maternal porque estamos dentro. Sempre. Na matriz da vida como Jonas na matriz da morte, a qual era, na realidade, a de sua vida. Também podemos ter acesso a uma língua materna. E a acessamos indefinidamente. Sempre começando. De outra forma, que não por intermédio da mãe e primeira infância, ainda que seja massivamente.[6]

■ ■ ■

6 Henri Meschonnic, *Jona et le signifiant errant*, Paris: Gallimard, 1981.

A ideologia dominante no Estado de Israel é sempre uma forma particular de sionismo, aquela que se impôs historicamente, fundada em um axioma político nacionalista: *a primazia da nação judaica.* Vivi por vários anos em Israel, onde estudei a *Bíblia* e o *Talmud*. No exterior, no lugar de ideologia dominante, eu constatava a primazia da nação judaica; no interior, quer dizer, na intensidade do estudo, eu entendia que o sentido da palavra *gói*, nos textos fundadores, nada mais é do que isto: a primazia da nação. Basta traduzir a palavra *gói*, que significa "nação", para começar a dar-se conta disso. Portanto, existem principalmente dois sentidos para o nome "judeu": um sentido nacional e um sentido estrangeiro. Assim como há notadamente duas leituras da Bíblia: uma é fundada sobre um axioma nacionalista; a outra, sobre um axioma de estrangeiridade. É uma linha de clivagem essencial.

■ ■ ■

É em Budapeste que se encontra a maior sinagoga da Europa. Ela foi construída em 1859 pelo arquiteto vienense Ludwig Förster, um católico. A burguesia judaica de Budapeste queria causar boa impressão. Ela gostaria que seu lugar de culto se assemelhasse a uma igreja, que tivesse sua magnificência. Atualmente, pode-se visitar a sinagoga pela módica quantia de 3.400 florins, ou seja, em torno de dez euros. O estilo arquitetônico é mourisco, é o toque oriental do edifício. Mas o dispositivo é católico ou, mais precisamente, basilical. Dessa forma, a *tevah*, tábua de leitura da *Torá*, não está no centro, no meio dos fiéis, como deveria ser, mas em frente, no lugar do altar de uma basílica, onde o padre oficia.

Existem dois tipos de lugar no judaísmo: o lugar de estudo, *bet ha-midrasch*, e o lugar da reza, *bet ha-knesset*. No lugar de estudo, se estuda, e no lugar da reza, se reza. É a atividade que cria o lugar. Basta que dez judeus se reúnam em um cômodo para estudar, e tem-se um *bet ha-midrasch*; para rezar, tem-se um *bet ha-knesset*. Mas para que um lugar se torne irreversivelmente consagrado à reza, são necessárias outras condições, notadamente: que tenha ali um rolo da *Torá*, um *sefer torá*, pois, na ocasião da reza, ocorre três vezes por semana a leitura pública de uma passagem do Pentateuco, no rolo, de forma que ao final de um ano os cinco livros de Moisés tenham sido distintamente audíveis para todos, e que o rolo tenha sido inteiramente desenrolado. Na ocasião da leitura, a *Torá* é retirada da arca, a qual se encontra diante dos fiéis, e conduzida para a *tevá*, a mesa de leitura que se encontra no meio dos fiéis. E chama-se para a *Torá*, quer dizer, alguém vem ler. A leitura é feita segundo as regras habilmente codificadas pela cantilação. Canta-se a *Torá*. Dedicando um estudo aos "Dois poemas de Hölderlin", Walter Benjamin escreve:

> É como signo e escritura da extensão infinita de seu destino que existe o povo. Veremos mais adiante, este mesmo destino é o canto. Cabe assim ao povo, como símbolo do canto, realizar o cosmos de Hölderlin.[7]

■ ■ ■

7 Walter Benjamin, Deux poèmes de Hölderlin, *Œuvres I*, trad. M. de Gandillac; R. Rochilitz; P. Rusch, Paris: Gallimard, 2000, p. 109.

Será no "povo, com símbolo do canto", que se encontram Heidegger e Benjamin? Pode-se pensar assim. Mas pode-se também pensar que em um prevalece o axioma nacional; no outro, o da estrangeiridade. Além disso, há uma outra clivagem, inscrita no dispositivo cultual. Na grande sinagoga de Budapeste, lê-se, portanto, a *Torá* de frente para os fiéis, a partir do lugar onde, em uma basílica, o padre oficia. É também o caso na grande Sinagoga da Vitória, em Paris. O dispositivo basilical foi imposto nos locais de culto da burguesia judaica da Europa. O aburguesamento do culto judaico é de fato identificado pelo lugar onde fica o *tevá*, a mesa de leitura: se for colocada no meio dos fiéis, a palavra provém do povo; se, em contrapartida, é posicionada de frente para os fiéis, ali onde o padre, em uma basílica, oficia, então a palavra não provém do povo, ela o domina. E repentinamente, o parágrafo 53 da *Societé du spectacle* (Sociedade do Espetáculo) ressurge na memória:

> A consciência do desejo e o desejo da consciência são, de forma idêntica, o projeto que, sob sua forma negativa, quer a abolição das classes, ou seja, a posse direta dos trabalhadores em todos os momentos de sua atividade. Seu *contrário* é a sociedade do espetáculo, onde a mercadoria admira a si mesma em um mundo que ela criou.

Visitando a grande sinagoga de Budapeste, uma encomenda da burguesia judaica feita ao arquiteto católico Ludwig Förster, eu perguntava a mim mesmo se não havia ali uma organização revolucionária de inspiração judaica e uma organização contrarrevolucionária de inspiração católica. Os efeitos contrarrevolucionários da influência católica sobre o dispositivo cultual estavam, nesse caso, manifestos. No entanto, seria ilusório conceber a situação nestes termos: catolicismo *versus* judaísmo. A evolução da organização cultual não decorreu da influência católica sobre o judaísmo, mas da retomada pela burguesia do culto judaico. Isto é óbvio: existe a *Torá* dos "operários" e a dos "burgueses", assim como há o Evangelho dos "operários" e o dos "burgueses" – e o Alcorão dos "operários" e o dos "burgueses, o mesmo ocorre, sem dúvida, no hinduísmo, no budismo etc. É a outra linha de clivagem essencial: operários *versus* burgueses.

Diz-se que o antagonismo caiu em desuso, que não mais haveria ali uma contradição principal, que as próprias palavras seriam obsoletas, caricaturais, ridículas: "operários" e "burgueses" indicariam a impotência grotesca de um pensamento. No entanto, eu mantenho, e especifico: entendo por "burguês" um movimento que, partindo dos burgos, passa a ocupar a posição do centro, pois é superior, hegemônica, dominante, uma vez que está na posição do comando. Considero por "operário" o que não é concebível em termos de posição, mas de obra. Os burgueses se posicionam, os operários trabalham.

■ ■ ■

A alguns minutos a pé da grande sinagoga de Budapeste, encontra-se a basílica de santo Estéfano. É uma verdadeira basílica, realmente grande, realmente magnífica. A visita é gratuita, não fosse o convite para depositar

200 florins em uma caixa na entrada, ou seja, 60 centavos de euros. Os católicos não têm tino comercial. A basílica abriga, em uma capela contígua, uma relíquia: a mão de algum herói nacional canonizado, se não me falha a memória, por volta do século x. Mas o essencial não está aí. Está na luz repentina que o Cristo crucificado produziu em mim: está posicionado onde, em uma sinagoga, é o local da arca que abriga a *Torá*. Os cinco livros de Moisés, os católicos substituíram pela estátua de um homem crucificado. Pelo menos, era isso que eu via. Pensei então em Freud, em seu homem Moisés. Ele utilizava o mesmo processo, menos a mística da imagem: substituir um cadáver por um cenário literal. Da mesma forma pensei em Paulo: "A letra mata, o espírito vivifica." Pobre homem, se ele soubesse: em vez de um espírito vivificante, a estátua de um homem na cruz. Deixei os locais.

Retornando ao apartamento do tio Victor, abri o primeiro livro de sua trilogia autobiográfica: *Aller sans retour: L'histoire d'un juif communiste égyptien* (Ir Sem Voltar: A História de um Judeu Comunista Egípcio), e comecei a ler:

> Décadas se passaram desde o dia em que, algemado, fui colocado em um navio que partia para a Itália. Como único documento, eu tinha um roteiro contendo algumas informações, entre outras, datas e local de nascimento, nome e sobrenome de família, documento válido para uma viagem "sem retorno".[8]

8 Victor Segré, *Aller sans retour: L'Histoire d'un communiste juif égyptien*, prefácio de Alain Gresh, Paris: L'Harmattan, 2009, p. 17. No mesmo sentido, ver Denis Guénoun, *Un Sémite*, Paris: Circé, 2002.

Segue a história de sua infância no Egito, depois seu engajamento comunista pela causa do povo oprimido e finalmente, sua prisão e expulsão em 1949, com outros companheiros, entre eles um irmão e uma irmã, comunistas como ele. O segundo volume, *Mes années en Israël*[9] (Meus Anos em Israel), relata sua existência nesse país, onde militou por um acordo judaico-árabe nos termos de uma revolução proletária. O terceiro e último volume, *Ma Vie em Hongrie: Le Récit d'un éternel exilé*[10] (Minha Vida na Hungria: O Relato de um Eterno Exilado), narra sua chegada à Hungria, o país de origem de sua esposa Eva, e o confronto de um militante comunista com a realidade do socialismo estatal. Após a morte de Eva, Victor permanece sozinho na Hungria. Ele tinha, na ocasião, mais de oitenta anos. Um dia, ele viu uma vizinha do prédio que subia suas compras com muita dificuldade. Victor, que mantivera sua agilidade, se ofereceu para ajudá-la, ela se apaixonou. Victor era viúvo, Ida era viúva. Victor teve, certo dia, a ideia de levá-la ao Egito, seu país de origem. Nunca mais havia retornado para lá desde que fora expulso, em 1949. Seria uma espécie de viagem de núpcias para ela, e de reencontros para ele. Comprou as passagens, reservou um hotel, e partiram. Mas a viagem foi interrompida. Na alfândega, Victor foi recusado: estava proibido de ficar no Egito. Obrigaram-no a ficar sentado em uma cadeira durante toda a noite, até o próximo voo para Budapeste. Ida, sólida

---

9 Idem, *Mes années en Israël*, Paris: L' Harmattan, 2010.

10 Idem, *Ma Vie em Hongrie: Le Récit d'un éternel exilé*, Paris: L'Harmattan, 2014.

húngara de origem prussiana, descobria quem era Victor: judeu, comunista, apátrida e, por fim, húngaro por adoção. Mas era galante, e isso era tudo o que importava para ela. Ida tinha os modos de um oficial de guarnição prussiana, a não ser com Victor, que ela amara ternamente até o momento de sua partida ao encontro de Eva... Retomei o livro e reli essas palavras, pensando em Ulisses, Abraão, Joyce: "datas e local de nascimento, nome e sobrenome de família, documento válido para uma viagem sem retorno". E, de repente, as letras voaram, latinas, gregas, cirílicas, hebraicas, árabes, chinesas, maias, e os sotaques se misturaram. Depois, vieram o trovão e o raio, e o estrondo, enfim uma voz de fim de silêncio... Foi então que apareceu o tio Victor. Ele lia um livro em alemão: *Dialogue d'exilés* (Diálogos de Exilados), de Bertold Brecht. Fiquei atento:

> – O passaporte é a parte mais nobre do homem. Aliás, um passaporte não se faz tão simplesmente como um homem. Pode-se fazer um homem em qualquer lugar, o mais impensadamente e sem um motivo razoável; um passaporte, jamais. Também reconhecemos o valor de um bom passaporte, enquanto o valor de um homem, por maior que seja, não é necessariamente reconhecido. – Digamos que o homem é apenas o veículo material do passaporte.[11]

Mesmo sem saber alemão, acreditei ter compreendido o sentido: diante do homem (atividade do significante)

11 Bertold Brecht, *Dialogue d'exilés*, trad. G. Badia; J. Baudrillard, Paris: L'Arche, 1972.

ergue-se o guardião da lei (dualidade do signo). O guardião mantém o homem aprisionado, por toda sua vida, e no dia de sua morte lhe cochichará ao ouvido: "O homem é apenas o veículo material do passaporte." Guardei o livro queimado na sua caixa de cinzas e peguei o primeiro trem para Praga, onde Joseph K. me aguardava. Certamente, o tinham caluniado. Dois pinguins tinham vindo prendê-lo de manhã cedo, ao pé da cama sobre a qual ele costumava se prostrar. Estudei o caso e enviei meu relatório. Ele escorregou os braços entre as grades, me apertou calorosamente a mão, e disse: "Vá em direção ao Álef e ao Iud e vá mais longe."

▪ ▪ ▪

A mulher da alfândega sorriu de forma estranha; ela perguntou: "Ela vale seu peso em ouro?" Eu pensei: "Não menos de um triplo 9, mais uma gorjeta." Ela me faz sinal para passar. Atravessei o portão e entrei no longo corredor do materialismo histórico, onde um maratonista me ultrapassou com grandes passadas. Policiais egípcios o perseguiam, montados em pequenos cavalos brancos, portando uma bandeira. Infelizmente, será que nunca sairei vitorioso desse combate? Tendo saído do aeroporto Ben-Gurion, finalmente subi em um burro. Um velho árabe com pele bronzeada pela neve me passou a mão nos cabelos. Perguntei-lhe o nome. – *Salam*. Traduza-o para mim em hebraico. – *Le-Haim*. Volta, então, à minha memória o fim de um poema alemão: *Wo der Tisch steht mit / dem Licht und dem Licht*.

1

Certamente, haviam caluniado Joseph K...

FRANZ KAFKA,
O Processo

A animosidade em relação àquilo a que, por comodidade, chamaremos "o nome judeu", parece se manifestar segundo três maneiras: o antijudaísmo, o antissemitismo e o antissionismo. O que é, portanto, o nome judeu, assim capaz de – pelo mundo e ao longo dos séculos – afetar tanto homens quanto mulheres, ainda que, muitas vezes, não tenham outra relação com esse nome a não ser a de ouvir falar? O que alimenta seu afeto, podemos dizer, decorre de determinações principalmente ideológicas, mais do que materiais.

Seguindo a tradição judaica, parece que o nome judeu comporta três dimensões: a "*Torá* de Israel", o "povo de Israel" e a "terra de Israel". Por "*Torá* de Israel", entendemos normalmente a lei mosaica, conjunto de prescrições que rege mais ou menos a existência do "judeu"; por "povo de Israel", entendemos o conjunto dos homens e das mulheres que são ditos "judeus", segundo um critério genealógico, cultural ou religioso; por "terra de Israel", enfim, entendemos a terra prometida às crianças de Israel na Bíblia, ou seja, a terra de Canaã, também dita "Palestina" – do nome que os invasores gregos, depois os romanos, deram à antiga Judeia, em referência aos "filisteus", inimigos habituais dos judeus. O historiador Martin Goodman faz referência, a esse respeito, ao testemunho de Eusébio:

> Escritor do século IV, Eusébio cita um certo Ariston de Pela que relata: "Adriano determinou, por decreto oficial e ordens, que toda a nação fosse, a qualquer custo, impedida de penetrar a própria região de Jerusalém, tanto que ninguém poderia conhecer a terra de seus ancestrais, mesmo de longe." Eusébio acrescenta: "A cidade de Jerusalém, tendo sido assim despovoada e suas crianças exterminadas, ficou repleta de estrangeiros." O nome de Jerusalém já havia deixado de ser utilizado oficialmente em 130. A partir de então, a província inteira deixou de se chamar Judeia para assumir o nome de Síria Palestina, retomando a antiga denominação grega que fazia referência não aos judeus, mas aos seus antigos inimigos, os Filisteus.[1]

1 Martin Goodman [2007], *Rome et Jérusalem: Le Choc de deux civilizations*, Paris: Perrin, 2009, p. 641-642.

O nome judeu remeteria, portanto, principalmente à conjunção de uma lei particular, de um povo particular e de uma terra particular. De fato, as nações, *góim* em hebraico, não se organizam de outra forma: uma lei, um povo, uma terra. Essa é a norma comum. E, no entanto, à "*Torá* de Israel" parece corresponder o antijudaísmo; ao "povo de Israel", o antissemitismo; à "terra de Israel", o antissionismo. O que explica, portanto, a animosidade de tantos homens e mulheres pelo mundo e no decorrer de séculos, uma vez que o nome judeu não parece ser uma exceção, mas, ao contrário, uma confirmação dessa norma?

Há uma explicação teológica: "a eleição de Israel". Se a conjunção de uma lei, de um povo e de uma terra constitui a norma comum, o nome judeu seria uma exceção, porém, pelo fato de que, em seu caso particular, tal conjunção não é o produto da história, mas sim de uma "eleição", o Deus criador do céu e da terra tendo separado das nações um povo particular, com o objetivo de lhe conceder uma terra particular, onde aplicar seus mandamentos particulares. A conjunção de uma lei, de um povo e de uma terra não decorreria, então, de uma norma comum, humana, humana demais, mas divina. E essa excepcionalidade suscitaria a animosidade das nações. O *Talmud* (tratado Schabat 89a) a interpreta com base em uma etimologia, provavelmente fantasiosa, do nome "Sinai", onde ouve-se o hebreu *siná*, que significa "ódio": A *Torá* dada no monte Sinai teria gerado o ódio das nações pelo nome judeu.

Podemos, certamente, descartar sumariamente a explicação teológica. No entanto, não é desinteressante nos determos aí por um momento, ainda mais considerando que Freud não hesita em recorrer a ela em 1938 em seu *Moisés:* "Ouso afirmar que, ainda hoje, os ciúmes em relação ao povo, que se considerou como o filho primogênito, o preferido de Deus o Pai, não foi superado em outros, como se tivessem acreditado em tal pretensão."[2] Observando essa questão mais de perto, a explicação é, portanto, paradoxal: se a conjunção de uma lei, de um povo e de uma terra é a norma comum, por que no caso dos judeus isso deveria suscitar a animosidade das "nações"? O argumento do caráter divino não constitui nenhuma prova, não apenas porque é preciso acreditar, como observa Freud, mas também, e sobretudo, porque muitos mitos nacionais supõem explícita ou implicitamente alguma "eleição". Nesse sentido, Moisés, recebendo as Tábuas da lei, é uma representação amplamente convencional na época da redação da *Torá*. Cada cidade, cada reino do Oriente-Médio antigo é "eleito" por alguma divindade tutelar, como o atestam os primeiros traços escritos de uma conjunção entre lei, povo e terra. Joseph Modrzejewski não deixa de assinalar esse fato:

> O dom da *Torá* reproduz a imagem fixada pela ideologia política das monocracias orientais segundo a qual o verdadeiro autor das leis impostas a um povo não é o soberano que as proclama, mas a divindade que as ordena. O primeiro legislador do mundo conhecido

■ ■ ■

2 Sigmund Freud, *L'Homme Moïse et la religion monothéiste*, trad. C. Heim, Paris: Gallimard, 1993, p. 184.

> pela história, Ur-Namu, recebeu suas leis do deus-lua Nana, divindade tutelar da cidade de Ur na Mesopotâmia. Sobre a estela de pedra encontrada em Susa no início do século XX e guardada no Louvre, o rei Hamurabi escuta em pé as leis ditadas pelo deus-sol Schamasch, senhor da justiça.[3]

Muitos mitos fundadores reproduzem uma estrutura semelhante, desde as sociedades ditas primitivas, atribuindo o nome "homem" à sua tribo particular em detrimento de outras tribos, até as narrativas edificantes das histórias nacionais. Qual é, então, a excepcionalidade do nome judeu nessa matéria? A essa antiga questão, Tácito deu uma célebre resposta: "Moisés, para garantir eternamente o império dessa nação, concedeu-lhe novos rituais e opostos aos do resto dos mortais. Para estes, é profano tudo o que para nós é sagrado, legítimo tudo o que consideramos abominável."[4] Sobre a explicação do historiador romano, que data do século I da Era Comum, Jean-Claude Milner propôs no século XXI um comentário notável:

> Pode ser resumido da seguinte forma: pelos seus rituais e costumes, os judeus impedem que se possa falar, de maneira consistente, de *todos* os homens. Eles tornam impossível o emprego do operador *tudo*, quando se trata de seres humanos. Enquanto eles vivem no

■ ■ ■

3 Joseph Modrzejewski, *Un Peuple de philosophes: Aux origines de la condition*, Paris: Fayard, 2011, p. 194.

4 Tacite, *Histoires*, Texte établi, et, d'après Burnouf, traduit par Henri Bornecque, Classiques Garnier, 1954, v. 4-5.

> coração do *oikoumene*[5], eles fragmentam a humanidade. Enquanto sobreviverem – e Tácito não apela de modo algum à sua destruição –, *os homens* é uma expressão mal formulada; literalmente, os homens não existem. [...] A não ser para salvar o operador *tudo*, não se considera os judeus como exceção.[6]

O nome judeu suscitaria a animosidade porque impede o emprego do operador *tudo*. Esse fato, Milner decifra a partir do texto de Tácito: o nome judeu impede que *os homens* seja uma expressão bem formulada. No entanto, "Tácito não apela de modo algum à sua destruição", observa Milner, antes de prosseguir:

> Tácito, sem ter consciência disso, apoiava-se em um axioma que cabia a um teólogo cristão revelar. Em 434, quando o Império Romano do Ocidente ameaçava ruir, Vincent de Lérins, escrevendo sob o pseudônimo de Peregrinus, afirmou: a verdade se define por um triplo: *Quod semper, quod ubique, quod ab omnibus*, "sempre, em todo lugar, por todos". O trono soberano da verdade é um trípode. Não tendo necessidade de conhecer um axioma para depender dele, Tácito enuncia um teorema, que durante muito tempo regulou, no espaço europeu, as transformações geométricas dos discursos: em um espaço discursivo, onde o todo é suposto dar acesso ao local das soluções verdadeiras,

5 A palavra *oikumene* é um termo grego que significa "mundo habitado" ou "casa comum". (N. da T.)

6 J.-C. Milner, *L'Univers en éclats: Court traité politique*, 3, Paris: Verdier, 2014, p. 117-118.

> o nome judeu diz não a qualquer solução. Pode-se expressar esse fato de outra forma: *em um espaço discursivo onde vigora o axioma de Peregrinos, o nome judeu diz não ao axioma.* No entanto, este espaço vai muito além da Europa e o lago atlântico. O mundo muçulmano parece admitir o axioma de Peregrinus.[7]

Milner conclui que o axioma Peregrinus "dirige um pedido à humanidade", e ele observa: "Quanto ao sempre, a humanidade respondeu favoravelmente." Em contrapartida, prossegue Milner: "Sempre, em todo lugar, a todos aqueles que formulam o pedido, o nome judeu o recusa; nisso consiste uma das fragmentações da universalidade judaica."[8] Então cita Petrarca: "O que é, então, toda a história senão uma apologia a Roma?"; o que ele propõe interpretar dessa forma: "O que é a história quando ela é ordenada pelo todo, senão uma apologia a Roma?"; de onde ele conclui: "Na exata medida onde a história é uma apologia dos nomes do todo, ela é uma condenação constante ao nome judeu."[9] Aqui é revelada a razão do afeto: o axioma de Peregrinus

7 Ibidem, p. 118-119.

8 Ibidem, p. 119. Eis o texto completo: "O axioma de Peregrinus postula uma certa forma de universal, e ele mesmo é universal, no sentido que define. Mencionando o todos, ele dirige uma reinvindicação à humanidade: que sempre e em todo lugar, ela se realize como todos; que sempre, em todo lugar e por todos, ela reconheça a verdade na forma do triplo; que sempre, em todo lugar e por todos, ela renda homenagem ao trípode. Quanto ao sempre, a humanidade respondeu favoravelmente à reivindicação. Sempre, em todo lugar, a todos aqueles que formulam o pedido, o nome judeu o recusa; nisso consiste uma das fragmentações da universalidade judaica."

9 Ibidem, p. 119.

valendo no mundo cristão e muçulmano, e o nome judeu dizendo não ao axioma, segue-se que esse nome atrai a repreensão e, além disso, suscita a animosidade dos homens e mulheres que vivem, agem e falam deste sob condição desse axioma.

Milner intitula suas reflexões sobre o nome judeu: "Lacan o judeu", porque Lacan é "o primeiro a ter sustentado explicitamente que o operador *tudo* seria marcado por um equívoco"[10], assim como também foi ele o primeiro a ter afirmado que a verdade *não é toda dita*. O brilho judaico da verdade, ou seu "sismo", diria Lacan[11], seria, portanto, a razão do afeto antijudeu, qualquer que seja o formato que ele assuma, a depender dos lugares e épocas: antijudaísmo, antissemitismo, antissionismo. A explicação teológica é atualmente racionalizada, sob a liderança não mais de *Moisés, o egípcio*, mas de *Lacan, o judeu*.

■ ■ ■

A doutrina de Milner não deixa de seduzir, explicando bem em poucas palavras, e com o brilho de um poder singular, já que "poderoso quanto ao não todo"[12]. O problema é que, ao retornar às palavras de Tácito, a excepcionalidade do nome judeu é pouco clara: "Moisés, para garantir para sempre o império desta nação, concedeu-lhe novos rituais etc."

■ ■ ■

10 Ibidem, p. 116.

11 Ver Jacques Lacan, Radiophonie, *Autres écrits*, Paris: Seuil, 2001, p. 428.

12 J.-C. Milner, *L'Univers en éclats*, p. 115.

É dos judeus, então, que se trata. Mas nos *Annais*, xv, 44, Tácito faz referência aos cristãos que, em 64 d.C., foram acusados por Nero de terem incendiado Roma e foram perseguidos. Ele expõe os fatos em algumas palavras, não sem antes especificar para seu leitor quem são os "cristãos":

> Esse nome lhes vem de Cristo, que, sob Tibério, foi entregue à tortura pelo procurador Pontius Pilatus. Reprimida no momento, essa execrável superstição (*exitiabilis superstitio*) impôs-se novamente, não apenas na Judeia, berço do mal, mas na própria Roma, onde infâmia e horror que há por toda parte aflui e encontra seguidores. Começaram, então, por prender aqueles que confessavam sua fé; depois, a partir de suas revelações, uma infinidade de outros, que foram muito menos convencidos do fogo do que do ódio pelo gênero humano (*ódio humani generis*). Fez-se de seus suplícios uma diversão: [...]. Além disso, ainda que esses homens fossem culpados (*sontes*) e merecessem o máximo rigor, os corações se abriam para a compaixão, pensando que estavam sendo imolados não pelo bem público, mas pela crueldade de um único.[13]

Tácito não pretende absolutamente sensibilizar-se com o sofrimento dos cristãos, efetivamente "culpados" por introduzir em Roma uma "execrável superstição". Se as perseguições lhe parecem, no entanto, prejudiciais, é

---

13 Tacite, *Annales*, xv, 44 (trad. Burnouf rev. H. Bornecque), Paris: Garnier, 1965, reedição GF, p. 439-440.

porque, não sendo motivadas pela preocupação com o "bem público", mas sim pela arbitrariedade, elas tendem a emocionar o coração dos cidadãos romanos e, então, suscitar neles uma lamentável compaixão para os cristãos. Lamentável, uma vez que estes últimos são, com razão, "convencidos do ódio pelo gênero humano". Para Tácito, importa apenas a força da alma do cidadão romano, mas Nero a enfraquece por uma crueldade fantasiosa. A perseguição dos cristãos, se fosse conduzida com sabedoria, atrairia, em contrapartida, uma apologia. Pois o nome judeu e o nome cristão, nos escritos de Tácito, não são absolutamente distinguíveis. "Ali é profano tudo o que em nós é sagrado, e legítimo tudo o que consideramos abominável." E é evidente que, para além do caso particular de judeus e cristãos, são os costumes dos bárbaros que Tácito tem em vista, pelo menos quando conseguem se estabelecer "na própria Roma, onde infâmia e horror que há por toda parte aflui e encontra seguidores". Portanto, é de uma distinção entre "romanos" e "bárbaros" que se trata, mais do que o axioma de Peregrinus, ainda que passasse despercebido nos escritos de Tácito. Em uma obra dedicada aos estrangeiros no Império Romano, Alessandro Barbero explica por que o uso do termo *peregrini* – designando populações estrangeiras que vivem no território romano – persiste após o édito de Caracala de 212, o qual, no entanto, concedia a cidadania romana a todos os habitantes do império:

> Em uma acepção técnica, esse termo [*peregrini*] designava, para os juristas romanos, os habitantes das províncias que não gozavam da cidadania romana, mas somente

da cidadania local, uma categoria de pessoas que evidentemente não podia mais existir após o édito de Caracala. No entanto, para afastar essa contradição, basta não se apegar ao termo jurídico *strictu sensu* e ter em mente a acepção primitiva do termo *peregrinus*, que significa, em essência, "estrangeiro". A partir de 212, todos aqueles que gozavam de uma cidadania local no Império, não podiam ser considerados estrangeiros, porém, eram todos denominados romanos; é com isso que se regozijam um Santo Agostino ou um Sidônio Apolinário, este último não deixando de repetir que os bárbaros permanecem, evidentemente, estrangeiros. Na Antiguidade tardia, os termos "Romano" e "bárbaro" tendem a se polarizar em função de critérios geográficos, designando respectivamente os habitantes do império e os povos do exterior; mas quando os grupos de bárbaros, pouco ou não romanizados, recebiam a autorização para entrar no império, não se tornavam necessariamente cidadãos. O imperador tinha a possibilidade de lhes conceder a cidadania, e é muito provável que, com o passar do tempo, tenha ocorrido uma assimilação tácita, mas sem isso eles permaneceriam estrangeiros, *peregrini*. Mais uma vez, a situação comum a todos os países ocidentais hoje frente aos imigrantes permite-nos compreender melhor situações desse tipo, sobre as quais o sistema jurídico está sempre atrasado em relação à realidade dos fatos e, entre a simples residência – mesmo sendo totalmente legal – e a cidadania, existe frequentemente um abismo.[14]

14 Alessandro Barbero, *Barbares: Immigrés, refugés et déportés dans l'Empire*, trad. P.-C. Buffaria, Paris: Tallandier, 2009 e 2011, p. 65. (Col. Texto.)

Tácito (58-120 d.C.) escreve um século antes do édito de Caracala – em uma época na qual a diferença entre a simples residência de bárbaros que haviam se reunido "na própria Roma" e a cidadania é incontestavelmente da ordem do abismo – como evidenciam a perseguição dos cristãos por Nero e o julgamento da história: "ainda que esses homens fossem culpados e tivessem merecido o máximo rigor". O axioma de Vincent de Lérins, que escreve sob o pseudônimo de Peregrinus, "o estrangeiro", seria válido somente muito mais tarde, por volta do século v, ou seja, um século após a conversão do imperador Constantino ao cristianismo. Tendo como referência os escritos de Tácito, o antijudaísmo é portanto um caso particular de preconceito xenófobo contra os bárbaros. Consequentemente, seria conveniente corrigir o comentário de Milner, pois isso não se resume dessa forma, mas assim: pelos seus rituais e costumes, os *estrangeiros* (*peregrinos*) impedem que se possa tratar, de maneira consistente, todos os cidadãos romanos. Tornam impossível o emprego do operador *tudo* quando se trata de cidadãos romanos. Enquanto vivem no coração de Roma, fragmentam a cidadania. Na medida em que sobrevivem – e Tácito não impõe de forma nenhuma sua destruição –, *os cidadãos* é uma expressão mal formulada; literalmente, os cidadãos não existem. A não ser para salvar o operador *tudo*, os *estrangeiros* (*peregrini*) são colocados como exceção, "na própria Roma".

Mais do que se apoiar, portanto, "sem saber disso", em um axioma em breve cristão, Tácito veiculava uma visão do mundo construída sobre a dicotomia entre

Romanos e bárbaros, e se ele admitia de bom grado que os bárbaros seguem suas execráveis superstições em suas terras longínquas, irritava-se "na própria Roma", onde ele não desejava ver convergir "infâmia e horror que há por toda parte". De acordo com Arnaldo Momigliano, a única singularidade dos judeus em relação aos outros bárbaros era o status de "recém-chegados" entre os etnógrafos da antiguidade grega e latina:

> Assim, essa curiosidade e esse novo interesse não se dirigiam especialmente aos judeus. Mas os outros Bárbaros – Egípcios, Persas, Babilônios e mesmo Indianos – há séculos eram conhecidos pelos Gregos; dispunha-se de informações bem mais antigas, as quais era preciso agora reavaliar e atualizar. Os judeus eram os recém-chegados. Tinha-se tudo para aprender sobre eles.[15]

Para que entre em cena o axioma de Peregrinus, ao qual *apenas* o nome judeu coloca obstáculo, é preciso passar de um paradigma a outro, precisamente, do paradigma antigo ao paradigma cristão. Dito de outra forma, é necessário a ruptura cristã, sua modernidade, que Hegel retoma nestes termos: "É exclusivamente no princípio cristão que, essencialmente, o espírito pessoal individual adquire um valor infinito, absoluto; Deus quer ajudar na salvação de todos os homens."[16] É então que o nome

15 Arnaldo Momigliano [1976], *Sagesses barbares*, trad. M.-C. Roussel, Paris: Maspero, 1979, reed. Gallimard, p. 96. (Col. Folio.)

16 Georg Wilhelm Friedrich Hegel, *Leçons sur l'histoire de la philosophie*, trad. J. Gibelin, Paris: Gallimard, 1954, p. 168, nota 1. (Reed. Col. Folio/Essais.)

judeu, *somente*, diria não ao axioma. Poderíamos, sem dúvida, lembrar da data de 380, quando um édito de Teodósio I exige que todos os habitantes do império adotem publicamente a fé cristã. É a essa exigência que os judeus, particularmente, diriam não. E, desde então, em um espaço discursivo onde vale o édito de Teodósio, o nome judeu diz não ao édito. Joseph Modrzejewski parece, contudo, dar razão a Milner quando ele detecta uma continuidade estrutural entre o antijudaísmo pagão e o antijudaísmo cristão. Ao final de uma descrição erudita dos primeiros desenvolvimentos de uma "mitologia antijudaica" na antiguidade, ele conclui que, de fato, um "concebe" o outro:

> O que os gregos, depois os romanos, reprovam nos judeus é, em primeiro lugar, seu "separatismo", sua "insociabilidade" (*amixia*). Hecateu de Abdera já afirmava por volta de 300 antes de nossa era que Moisés havia instituído "um modo de vida contrário à humanidade e à hospitalidade". [...] os judeus alegam dividir com os gregos os benefícios desse sistema de valores, mas rejeitam nele uma parte importante que não é conciliável com os princípios de sua religião. Dito de outra forma, eles querem ser simultaneamente "cidadãos" e "diferentes". Situação que lhes parece natural, mas que não é aceitável do ponto de vista pagão. Uma segunda acusação crucial diz respeito ao "ateísmo" dos judeus [...]. Evidentemente, o verdadeiro sentido dessa acusação é a recusa judaica dos deuses dos outros que, para eles, são apenas ídolos. O historiador Tácito, em uma página tristemente célebre dedicada aos judeus,

> afirma a esse respeito que a primeira instrução que lhes dão é "menosprezar os deuses", *contemnere deos*. [...] Insociabilidade e "ateísmo" se conjugam em uma terceira queixa, de conotação política: o complô judeu. [...] essas acusações já contêm as principais ferramentas do arsenal antijudeu do qual poderá se munir o antijudaísmo cristão. Basta transpor. O ódio (ou o desprezo) dos deuses pagãos se tornará "deicida"; o complô ecumênico contra Roma se transformará em "um complô contra o Salvador do gênero humano", segundo a fórmula de Orígenes. Em sua perspectiva, os apologistas do judaísmo que refutam as acusações dos pagãos, tal como Flávio Josefo em seu *Contra Apião* e, antes dele, os autores judeu-alexandrinos ou judeu-egípcios, como Artapanus, prefiguram as reações dos Sábios à crítica cristã. O debate judeu-pagão concebe o esquema do litígio judeu-cristão.[17]

O antijudaísmo pagão articula três queixas: insociabilidade, impiedade, insubmissão. E Modrzejewski reconhece na estruturação dessa mitologia antijudaica a concepção da argumentação cristã contra os judeus. De fato, o édito de Teodósio foi concebido pelas obrigações pagãs às quais as populações do império tinham que se adequar. Uma observação de Barbero assinala isso. Excluindo as regiões fronteiriças, onde o exercício do poder imperial é às vezes dificultado devido ao imbróglio territorial e étnico, ele explica que seu estudo sobre os bárbaros no Império Romano se "concentrará

17 J. Modrzejewski, op. cit., p. 346-348.

na maior parte do território provincial", território que ele define desta forma:

> Onde as populações indígenas eram submetidas a um imposto fixo; onde os sujeitos eram obrigados a cumprir as obrigações religiosas comuns, quer se tratasse de sacrifícios pelo bem-estar do imperador ou, pelo contrário, como foi imposto por Teodósio em 380, adotar publicamente a fé cristã; situação na qual as autoridades obrigavam a respeitar os éditos imperiais, e o *nomen publicum* protegia os cidadãos romanos; onde encontravam-se acantonamentos fixos e as sedes administrativas dos regimentos militares, muito distintas dos postos-avançados que, nas regiões tribais, estendiam-se para além do *limes*.[18]

Antes de serem obrigados a abraçar a fé cristã, os habitantes judeus do império eram obrigados a "sacrifícios pelo bem-estar do imperador". Como isso contrariava sua fé, Tácito, por exemplo, os acusava de "desprezar os deuses" (*contemnere deos*). Encontramos já nos escritos de Cícero, 59 a.C., uma hostilidade aparentemente acentuada em relação aos judeus. Trata-se no *Pro Flaco* de uma "superstição bárbara" e "dessa

▪▪▪

18 A. Barbero, op. cit., p. 13. A partir de então, Barbero especificou, a propósito da ideia de um *limes*: "A própria ideia de um *limes* como uma barreira defensiva permanente foi questionada desde que se sabe que esse termo, utilizado na origem para designar as rotas militares traçadas nas proximidades das fronteiras e cuja acepção foi ampliada para designar as fortificações lineares erguidas para protegê-las, adquiriu ao final da época imperial uma dimensão o geográfica e administrativa, designando a totalidade do território das províncias de fronteira" (p. 11).

multidão de judeus tão frequentemente turbulenta em nossas assembleias"[19]. No entanto, como assinala Jean-Philippe Lévy, especialista em direito romano, Cícero recorre a tais ironias contra todos os bárbaros desde que elas possam servir à sua argumentação: "os gauleses, os sardos, os gregos da Ásia, os judeus podem ter as queixas mais sérias contra Fonteius, Scarus e Flaccus: basta lembrar sua nacionalidade na necessidade de um traço de humor fácil para triunfar"[20]. Foi, portanto, a xenofobia das classes dirigentes romanas que concebeu o antijudaísmo cristão.

Nesse sentido, há uma continuidade de um édito a outro, do sacrifício pelo bem-estar do imperador à fé cristã do Estado, de Tácito a Peregrino? Ressaltemos uma diferença. As queixas dos autores antigos expressam-se principalmente no encontro com os judeus exilados no coração das cidades, seja em Alexandria ou em Roma. Permanecendo fiéis aos seus rituais particulares, ainda que vivendo sob uma autoridade política heterogênea em relação aos seus ritos, "eles querem ser simultaneamente 'cidadãos' e 'diferentes'", relata Modrzejewski. O argumento se modifica com a polêmica cristã contra os judeus: não são tão censurados por quererem ser "*cidadãos* e diferentes" quanto por desejarem ser "*homens* e diferentes".

■ ■ ■

19 Cicéron, *Textes d'auteurs grecs et romains relatifs au judaïsme*, trad. Théodor Reinach, Paris: 1895, apud Maxime Rodinson, *Peuple juif ou problème juif?*, Paris: Maspero, 1981, reed. Paris: La Découverte, 1997, p. 263.

20 Jean-Philippe Lévy, Cicéron et la preuve judiciaire, *Droits de l'antiquité et sociologie juridique, Mélanges Henri Lévy-Bruhl*, Paris: Sirey, 1959, p. 194, apud M. Rodinson, op. cit., p. 264.

Podemos então admitir que "a discussão judeu-pagão esboça as linhas gerais do litígio judeu-cristão", mas sob condição de especificar que pretendemos, assim, identificar uma invariância xenófoba: na medida em que o império cristão não somente sucede à autoridade política da Roma antiga (pagã), mas a amplia, reproduz certos mecanismos estruturais, notadamente xenófobos. Porém, com o advento do paradigma cristão, os judeus não são apenas bárbaros, são os mais estrangeiros dos bárbaros, senão os únicos dentre os estrangeiros a permanecerem bárbaros depois que o axioma de Peregrinus começou a valer. Nesse sentido, o "princípio cristão" introduz de fato uma descontinuidade, como Hegel insistiu a esse respeito: "Deus quer ajudar na salvação de todos os homens." Passamos então de um paradigma a um outro, e essa transição dá-se notadamente por meio das célebres fórmulas de São Paulo na Epístola aos Efésios, onde a lei mosaica, já que separa os judeus dos outros homens, é identificada com uma "barreira" que divide o gênero humano:

> Lembrai-vos, pois, que outrora, vós, pagãos, que éreis tais na carne, vós que éreis chamados "prepúcio" por aqueles que se denominam "circuncisão", [...] de uma operação praticada na carne! – lembrai-vos que naquele tempo vós estáveis sem Cristo, excluídos da cidade de Israel, estranhos aos pactos da promessa, não tendo nem esperança nem Deus neste mundo! Mas eis que agora, em Jesus Cristo, vós que outrora estáveis longe, vos tornastes próximos, graças ao sangue de Cristo. Pois ele é nossa paz, ele fez dos dois povos um

> único, destruindo a barreira que os separava, removendo em sua carne o ódio, essa Lei dos preceitos e mandamentos, para criar na sua pessoa os dois em um único Homem Novo, fazer a paz, e reconciliá-los com Deus, ambos em um único Corpo, pela Cruz: na sua pessoa, matou o Ódio.[21]

A lei mosaica cinde o gênero humano, não mais à maneira dos costumes bárbaros que afluem a Roma e enfraquecem a alma dos cidadãos, mas de uma maneira muito diferente, pois o que é problemático agora não é tanto um modo particular de existência aqui na terra ("cidade de Israel") quanto a questão da salvação no além ("pactos da promessa"). Dito de outra forma, o conflito não é mais principalmente político, relativo ao bem público da cidade, é sobretudo teológico, relativo à salvação da alma. Pode-se dizer que Paulo atribui somente aos judeus o "ódio ao gênero humano" e que Tácito, por sua vez, atribui tanto aos cristãos como aos judeus? Tácito censura os bárbaros por uma "execrável superstição" que tende a perturbar a ordem pública da cidade romana e a diminuir a força da alma de seus cidadãos, argumento no qual Nero se apoia após o incêndio de Roma. Paulo, por sua vez, censura os judeus por fazerem com que a salvação da alma dependa de uma "operação praticada na carne". Apesar da aparente correspondência das queixas, a descontinuidade é profunda, e talvez, estrutural:

21 Epístola aos Efésios, 2, 11-16, *La Bible de Jerusalém*, tradução da École biblique de Jerusalém, Paris: Cerf, 1966.

enquanto Tácito aspira à paz civil e à virtude patriótica, Paulo visa à universalidade do gênero humano. Para Paulo, o problema não consiste em judeus afirmarem ser cidadãos e diferentes, mas declararem conceber "os pactos da promessa" com base em um pertencimento genealógico (ou da circuncisão). Em certo sentido, o argumento de Paulo inverte o de Tácito: o historiador romano preocupa-se com a presença dos judeus "na própria Roma", o apóstolo preocupa-se com a presença dos judeus na "cidade de Israel". Em um outro sentido, o axioma de Peregrinus é, de fato, uma continuação do de Tácito: a verdade reside "na própria Roma", e não na "cidade de Israel".

O que podemos concluir? Paulo prega a universalidade substancial do gênero humano, recentemente comprovado por Jesus, "que de dois povos faz um único". A partir de então, é em nome do gênero humano, em nome dos "pactos da promessa" que se vilipendia o nome judeu. O paradigma de Paulo já não é mais o de Tácito, uma vez que o princípio cristão os separa, como explica Hegel: "os atenienses, assim como os romanos, sabiam que por essência eram cidadãos livres. Mas nem Platão, nem Aristóteles sabiam que o homem é livre em si e por si, de acordo com a substância"[22]. Apenas o nome judeu, ou principalmente, o nome judeu, a partir de então, diz não à "substância", ao "Homem Novo." O argumento cristão (o de Paulo) singulariza o nome judeu, enquanto o argumento antigo (o de Tácito ou o de Cícero) o torna comum aos povos estrangeiros sob

22 G.W.F. Hegel, *Leçons sur l'histoire de la philosophie*, p. 167-168.

a autoridade romana: "os gauleses, os sardos, os gregos da Ásia", etc. Mas a estrutura, no final, é a mesma: quer se trate dos bárbaros ou unicamente dos judeus, trata-se sempre de um povo estrangeiro que, após ser submetido militarmente, teve de ser submetido mentalmente, sendo obrigado ao "sacrifício pelo bem-estar do imperador", ou forçado a abraçar a fé cristã. Primeiro, em companhia dos cristãos, gauleses, sardos e gregos da Ásia etc., depois, durante muito tempo sozinhos, os judeus compuseram na Europa, um povo de *peregrini*.

■ ■ ■

Na idade Média, o argumento teológico é dominante. Mais tarde, com o Renascimento, o argumento antigo ressurge, mas ornado com uma singular atenção ao nome judeu. Pois, entre Tácito e Spinoza, a Bíblia instituiu-se como Texto, e, como sabemos, Renascimento e protestantismo tiveram interesses envolvidos. A conjunção de uma lei, de um povo e de uma terra, sendo a norma comum desde Ur dos Caldeus até Roma, e a operação pela qual Moisés constitui um *imperium*, não pareciam constituir exceção, os teóricos da política nos séculos XVI e XVII tomaram a "República" dos hebreus como modelo. Reunindo teologia e política, eles interpretavam a Bíblia sob o prisma do pensamento jurídico romano. Mas, nos *Institutas* de Gaius, no século II d.C., a norma comum, aplicada sempre, em todo lugar, por todos, está exposta nos seguintes termos:

> Todos os povos governados por leis e costumes observam em parte seu próprio direito, e em parte o direito comum a todos os seres humano. A lei que um povo estabelece para seu uso particular lhe é própria, e é denominada *ius civile*, sendo, de fato, a lei especial desta *civitas* (comunidade de cidadãos), enquanto a lei estabelecida em relação a todos os seres humanos pela razão natural é denominada *ius gentium*, designando assim a lei observada por todos os povos. O povo romano observa, portanto, em parte seu próprio direito, e em parte o direito comum à humanidade.[23]

O *imperium* dos hebreus fundado por Moisés responderia a essa definição, sendo composto por um direito civil, reservado aos hebreus, e por um direito das pessoas, comum à humanidade. Pelo menos é o que estabeleceram, na primeira metade do século XVII, pensadores como John Selden, Hugo Grotius ou Petrus Cunaeus, apoiando-se notadamente sobre a Codificação de Maimônides (século XII). Hobbes e Spinoza seguem os passos de uma escola bíblica de direito romano. Spinoza, contudo, é um caso singular, vindo, aliás, de uma família de judeus portugueses refugiados em Amsterdã. Porém, ressaltando a surpreendente capacidade dos judeus em manter viva sua nação apesar dos séculos de exílio, Spinoza, ao final do capítulo III do anônimo *Traité théologico-politique* (Tratado Teológico-Político), explica isso pelo “ódio”:

23 Apud Andro Clifford, *L'Empire et le Droit: Invention juridique et realités historiques à Rome*, trad. M. Bresson, Paris: Odile Jacob, 2013, p. 20.

> O fato de que eles [os judeus] tenham subsistido tantos anos e sem Estado não é surpreendente, uma vez que eles se separaram de todas as outras nações de modo a atrair o ódio de todos contra eles, e isso não apenas pelos rituais exteriores opostos aos rituais de todas as outras nações, mas também pelo sinal da circuncisão que preservam com o mais religioso cuidado. Que o ódio das nações seja precisamente o que os faz subsistir, a experiência já ensinou isso.[24]

Ressoam as palavras de Tácito a respeito dos judeus: "Moisés, para garantir eternamente o império dessa nação, atribuiu-lhe novos rituais e opostos àqueles do resto dos mortais." Ressoam igualmente suas palavras em relação aos cristãos: sua "execrável superstição", seu "ódio pelo gênero humano". Spinoza, tendo se libertado do paradigma teológico, raciocina como um historiador clássico, e não como cristão ou judeu; daí sua conclusão:

> Quanto ao sinal da circuncisão, o considero de tal importância nesse domínio, que estou convencido de que ele, sozinho, pode preservar eternamente essa nação; muito mais, se os fundamentos de sua religião não afeminassem suas almas, eu acreditaria, sem reservas, que um dia, quando tiverem a ocasião, considerando o mutável inerente ao que é humano, eles restabelecerão seu Estado, e Deus os elegerá novamente.[25]

■ ■ ■

24 Baruch Spinoza, *Traité théologico-politique*, Trad. J. Lagrée; P.-F. Moreau, Paris: PUF, 1999, p. 177. (Trad. bras. : *Spinoza – Obra Completa III : Tratado-Teológico Político*, S. Paulo: Perspectiva, 2014, p. 105.)

25 Ibidem, p. 177-179. (Ibidem, p. 105-107.)

Seus "rituais exteriores opostos aos rituais de todas as outras nações" desafiam a razão e incomodam, porque, vivendo sob uma autoridade política estrangeira, os judeus querem ser simultaneamente cidadãos e diferentes; mas que restabeleçam seu *imperium* e então serão novamente cidadãos do Estado de Israel, adequados à norma social das nações republicanas: uma lei, um povo, uma terra. Nessa perspectiva, compreendemos que no capítulo XVII a vã superstição dos "judeus" exilados na cristandade tenha se tornado, nas palavras de Spinoza, a virtude dos "hebreus" sitiados em Jerusalém:

> O quanto tudo isso – a liberdade em relação a todo poder humano, a devoção em relação à pátria, o direito absoluto em relação a todos os outros povos, e o ódio não só permitido, mas até piedoso, o fato de considerá-los todos como inimigos, a particularidade dos costumes e rituais –, o quanto tudo isso, quero dizer, teve potência para fortalecer a alma dos hebreus e determiná-los a suportar tudo pela pátria com uma constância e uma virtude singulares, a razão ensina isso muito claramente, e a experiência o atesta.[26]

Segue o relato do cerco de Jerusalém pelo exército Vespasiano. Nessa configuração, a força da alma dos habitantes de Jerusalém sitiada, determinados "a suportar tudo pela pátria", evoca a força da alma dos cidadãos romanos. E Spinoza cita Tácito que, relatando a guerra de Vespasiano no livro II de suas *Histórias*, conclui como "uma empreitada dura e difícil, mais em razão

■ ■ ■

26 Ibidem, p. 571. (Ibidem, p. 313.)

da compleição desse povo e da resiliência da superstição do que pelo fato de que restariam forças suficientes aos sitiados para enfrentar as necessidades do sítio"[27]. A superstição dos judeus é "execrável" em Roma, mas é "resiliente" em Jerusalém, porque, então, ela contribui para "fortalecer a alma dos hebreus" e [para] determiná-los a suportar tudo pela pátria com uma constância e uma virtude singulares". Enquanto forem cidadãos de Jerusalém, não há "direito absoluto em relação a todos os outros povos, e o ódio não apenas permitido, mas até piedoso", corresponde à força de alma do cidadão romano. É uma questão dos "judeus", quando estão no exílio, "sem Estado", mas é uma questão dos "hebreus", quando estão sitiados em Jerusalém.

Como observam os tradutores Lagrée e Moreau, a crítica da religião cristã é "um tema persistente de Maquiavel a Rousseau"[28] – com o argumento de que ela desvia os homens das preocupações da cidade. É bem, portanto, o argumento de Tácito que ressurge nas palavras de Spinoza: a superstição judaica é "execrável" em Roma, mas "resiliente" em Jerusalém. Spinoza, portanto, conclui que se os judeus viessem a restabelecer seu Estado, "Deus os elegerá (elegeria) novamente". É a assinatura do paradigma antigo, o de Tácito, preocupado ao ver confluir em Roma superstições estrangeiras minando as virtudes patrióticas, mas elogioso em relação aos hebreus sitiados. O exclusivismo de uma superstição autóctone fortalece as almas e determina

■ ■ ■

27 Ibidem. (Ibidem.)

28 Ibidem, p. 722, nota 45.

que se suporte tudo pela pátria com uma constância e virtude singulares. A assinatura do paradigma cristão é completamente outro: em seu seio, o restabelecimento do *imperium* dos hebreus não significaria nenhuma eleição, nem tampouco uma virtude, mas sim o fortalecimento da "barreira" que faz obstáculo ao "Homem Novo".

▪ ▪ ▪

Definido agora o campo da investigação, retornemos à doutrina de Milner. Roma, uma vez cristianizada, "em um espaço discursivo onde vigora o axioma de Peregrinos, o nome judeu diz não ao axioma". Milner não questiona o conteúdo da identidade judaica, material ou ideológica, ele formaliza, de imediato, sua singularidade: "em um espaço discursivo, onde o todo é suposto dar acesso ao local das soluções verdadeiras, o nome judeu diz não a qualquer solução". Porém, sua formalização coloca um problema. Paulo afirma que os homens das nações são "excluídos da cidade de Israel, estranhos aos pactos da promessa, não tendo nem esperança nem Deus neste mundo", até a intervenção do "Cristo", que revoluciona o mundo antigo e opera a passagem de um paradigma para um outro: "nem Platão nem Aristóteles sabiam que o homem é livre em si e por si, de acordo com a substância". O problema, porém, é o seguinte: daquilo que os judeus dizem não ao "Cristo", não significa que estão dizendo não à "substância". Ou, dito de outra forma: daquilo que os judeus dizem não ao "Cristo" não significa que eles concebam a salvação da alma nos termos de uma "operação praticada na carne".

Como prova disso, Maimônides, em uma regra de sua Codificação citada por Spinoza no capítulo v do *Tratado Teológico-Político*, afirma explicitamente que *"os homens devotos"* das nações participam do mundo futuro, ainda que não observem o direito próprio dos judeus, mas somente o direito comum à humanidade. Ou seja, ainda que não sejam circuncidados, eles fazem parte dos "pactos da promessa". Podemos, sem dúvida, questionar o fato de saber se, no tempo de Paulo, isso está estabelecido. Em contrapartida, assim ocorre, certamente, no tempo de Maimônides, depois de Selden, Grotius e Spinoza: o nome judeu só diz *sim* ao gênero humano, uma vez que a salvação da alma depende, segundo os judeus, de uma espécie de direito comum à humanidade cuja observância sempre, por todo lugar, por todos, garante um igual acesso aos "pactos da promessa" – e, ocasionalmente, à cidadania. O texto de lei de Maimônides é, efetivamente, explícito a esse respeito: a salvação e a cidadania pertencem por direito aos homens devotos entre as nações, isto é, aos homens que respeitam o direito comum à humanidade[29]. E, no entanto, é preciso admitir que "em um espaço discursivo onde o todo deve dar acesso ao lugar das soluções verdadeiras", antijudaísmo, antissemitismo e antissionismo prosperam. Como explicar esse paradoxo? Será que porque

29 Permito-me retomar esses pontos na segunda parte de meu livro *Le Manteau de Spinoza*, Paris: La Fabrique, 2014.

ignoramos que o nome judeu diz somente sim, "Deus quer ajudar a salvação de todos os homens"? Será um problema de comunicação? Jean-Paul Sartre, em suas *Reflexions sur la question juive* (Reflexões Sobre a Questão Judaica), propõe uma explicação para a marginalização dos judeus:

> Não é seu passado, nem sua religião, nem tampouco seu solo, que unem os filhos de Israel. Mas eles têm um vínculo comum. Se todos merecem o nome de Judeu, é porque partilham uma condição comum de Judeu, ou seja, vivem no interior de uma comunidade que os considera judeus. Em uma palavra, o Judeu é perfeitamente assimilável pelas nações modernas, porém ele se define como aquele que as nações não querem assimilar. O que pesa originalmente sobre ele é ser o assassino de Cristo.[30]

Seria essa a razão do sentimento em 1947: o judeu é "o assassino de Cristo"? Notemos desde já que seria suficiente concluir: "O que pesa originalmente sobre ele é o fato de ser um adepto de uma execrável superstição", de modo que o comentário de Sartre a respeito do antissemitismo descreve de forma bastante precisa o preconceito de Tácito. Será então que, em última análise, trata-se de um preconceito xenófobo, seja ele revestido de um argumento político (antigo) ou teológico (cristão)? Sobre o assassinato de Cristo

30 Jean-Paul Sartre, *Réfléxions sur la question juive*, Paris: Gallimard, 1954, p. 81.

atribuído aos judeus, que, finalmente, não difere absolutamente de sua "execrável superstição", parece que podemos nos ater a um paradigma único, o da xenofobia, em última análise, determinante: ao preconceito xenófobo do cidadão romano em relação aos bárbaros, sucede, após a conversão de Roma ao cristianismo, o do cristão em relação ao judeu, odiado porque sua superstição heterodoxa atestaria alguma heterogeneidade radical, alguma estrangeiridade substancial. Mas, sendo o argumento político ou teológico, é o *estrangeiro* que é odiado, submetido, perseguido, sempre, em todo lugar, por todos, quaisquer que sejam as formas confessionais, étnicas, sexuais ou sociais de sua estrangeiridade. Isso seria evidenciado pelas vicissitudes do nome judeu na Roma cristianizada:

> Com o triunfo do cristianismo, o judaísmo permanece *religio licita* no Império Romano. Algumas leis protegem a liberdade do culto, proíbem o confisco ou o incêndio das sinagogas: elas testemunham, consequentemente, violências exercidas de fato em relação ao judaísmo. Outras leis estabelecem uma estrita discriminação restringindo as atividades sociais dos judeus e suas relações com os cristãos.[31]

A descrição é extraída de um livro de Jocelyne Lenglet-Ajchenbaum e Yves-Marc Ajchenbaum: *Les Judaïsmes* (Os Judaísmos). Ela poderia ser aplicada aos cristãos se

▪ ▪ ▪

31 Jocelyne Lenglet-Ajchenbaum; Yves-Marc Ajchenbaum, *Les Judaïsmes*, Paris: Gallimard, 2000, p. 47. (Col. Folio.)

recuarmos alguns séculos atrás. Portanto, existe uma profunda continuidade xenófoba desde Tácito até Teodósio, apesar da descontinuidade que, aliás, o "princípio cristão" introduz. Assim, ao longo da Idade Média, a estrangeiridade dos judeus em reino cristão cresce cada vez mais, como se os judeus se tornassem mais estrangeiros à medida que a Europa se cristianizava. Prossigamos a leitura do livro dos Ajchenbaum:

> Com a primeira cruzada (1096) encerra-se a era da segurança relativa na qual vivem as comunidades do norte da Europa desde Carlos Magno. O caminho da terra santa, na Renânia e em Praga, é marcado por massacres de judeus considerados no contexto de exaltação religiosa como estrangeiros e assassinos de Cristo.[32]

Os judeus são, ao mesmo tempo, estrangeiros *e* assassinos de Cristo; dizendo de outra forma, assassinos de Cristo *porque* estrangeiros, e estrangeiros *porque* assassinos de Cristo. Os paradigmas antigo e cristão estão permanentemente entrelaçados. Mais tarde, às discriminações religiosas, econômicas e sociais, assim como aos massacres esporádicos, sucedem as expulsões em massa:

> Excluídos da propriedade fundiária e das corporações, distanciados pelos seus concorrentes cristãos do comércio em larga escala e, logo, o banco (a proibição canônica é facilmente contornada), os judeus são progressivamente reduzidos a empréstimos de curto prazo,

■ ■ ■

32 Ibidem, p. 66.

> a impopular usura, concedidos a taxas legais muito elevadas. Por outro lado, os soberanos lhes impõem impostos abusivos: tornando-se inúteis e indesejados, os judeus são finalmente expulsos da Inglaterra em 1290, da França em 1306 e 1394. No Santo Império Romano Germânico onde prevalece a fragmentação política, as expulsões, por mais numerosas que sejam, mantêm um caráter local.[33]

Depois sobrevém, em 1492, a expulsão dos judeus da Península Ibérica:

> Isabel de Castela e Fernando de Aragão assinam o decreto de expulsão dos judeus em Granada em 31 de março de 1492, após a tomada da cidade dos muçulmanos. 150 mil a 200 mil judeus deixam a Espanha em condições frequentemente dramáticas. Em Portugal o rei assina um decreto de expulsão em 1496; mais tarde, opta por impingir aos judeus o batismo coletivo em combinação com a proibição de deixar seu reino (1497).[34]

Da Primeira Cruzada (fim do século XI) até as vésperas da Revolução Francesa, as autoridades europeias esforçam-se em assegurar uma perseguição sábia, mais do que cruel, a homens e mulheres estranhos à fé cristã e assassinos de Cristo. Danielle Lochak, nesse sentido, rastreia as linhas essenciais na introdução de seu livro

33 Ibidem, p. 71.

34 Ibidem, p. 86.

Le Droit et les Juifs en France depuis la Révolution (Direito e os Judeus na França desde a Revolução):

> Durante vários séculos, a situação dos judeus no reino permaneceu inteiramente precária, pontuada por medidas de expulsão alternativamente decretadas e reconduzidas, ao sabor dos caprichos dos soberanos e de suas necessidades financeiras. Desse modo, Filipe Augusto, após ter ordenado o confisco de seus bens (1181), expulsa os judeus do Reino (1182) antes de chamá-los de volta, dezesseis anos depois. Em 1306 um novo édito de expulsão é emitido por Filipe o Belo, novamente após ter confiscado os bens dos judeus em benefício da Coroa. Em 1315, os judeus são chamados de volta, por um período de doze anos, mas em 1322 são novamente banidos por Filipe V. Em 1359, o futuro Carlos V negocia o retorno dos judeus, por meio de uma contribuição destinada a pagar o resgate de seu pai João o Bom, prisioneiro dos ingleses. Em 1380, a autorização de estadia é renovada por vinte anos, mas em 1394 Carlos VI revoga a autorização de permanência dos judeus, que deixam o Reino. O édito de expulsão de 1394 permanecerá em vigor de forma duradoura e será ainda confirmado em 1615 por Luís XIII: os judeus só podem, portanto, permanecer no reino com base em autorizações individuais e temporárias. [...] Na Lorena, a expulsão dos judeus foi ordenada em 1477. Porém, após a ocupação pela França de Toul, Verdun e Metz, alguns judeus são autorizados pelas cartas patentes de Henrique III, a se instalarem em Metz em 1574, para praticar empréstimos com garantia. Os "privilégios" dos judeus de Metz serão confirmados

por Henrique IV, então novamente em 1718, e o número de famílias autorizadas a residir na cidade irá progressivamente aumentar. Em Metz e nos arredores, assiste-se, portanto, à legalização definitiva da presença judaica, por meio do pagamento de uma taxa anual de um montante muito alto. As comunidades de Nancy e Luneville, anexadas à França em 1766, têm, no entanto, um destino mais favorável. [...] Em 1674 é editado um estatuto dos judeus alsacianos, apoiado naqueles de Messina: os judeus da Alsácia são, portanto, a segunda comunidade autorizada a permanecer legalmente no reino apesar do édito de expulsão. Os judeus da Baixa Alsácia permanecem, no entanto, submetidos à lei do pedágio corporal, abolido na maior parte das regiões no século anterior. Esse imposto cobrado sobre viagens, mercadorias e animais é sentido tão mais humilhante na medida em que, pelo fato da taxação, os judeus são equiparados aos animais. Ele é eliminado em 1784, enquanto cartas-patentes do Rei reconhecem oficialmente o estabelecimento dos judeus na Alsácia, como "súditos do Rei". É concedido aos judeus o uso e o usufruto da terra: podem alugar as propriedades, mas à condição de eles mesmos as explorarem, obtêm acesso a novas profissões comerciais e industriais. Porém, não podem possuir bens fundiários cristãos, nem tampouco empregar funcionários cristãos, e os casamentos são submetidos à autorização real, com o objetivo de controlar a demografia dos judeus.[35]

35 Danièle Lochak, *Le Droit et les Juifs en France depuis la Révolution*, Paris: Dalloz, 2009, p. 5-8.

Os judeus, pelo fato de serem os estrangeiros do reino, são perseguidos, e essa perseguição é sagaz. As autoridades do Antigo Regime tomam medidas de utilidade pública contra a insociabilidade, a impiedade e a insubmissão. Mais tarde sobrevém a Revolução Francesa, e então a política judaica das autoridades é, ela mesma, revolucionada. É a palavra de Clermont-Tonnere a mais citada a esse respeito. É verdade que ele expõe o princípio da política revolucionária no lugar dos judeus: "É necessário recusar tudo aos judeus como Nação no sentido do corpo constituído e conceder tudo aos judeus como indivíduos." A partir do momento em que seria afirmada a existência de uma nação judaica no território francês, seria atestada uma heterogeneidade política à República una e indivisível, e é por essa razão, portanto, que se deve recusar tudo. Se, em contrapartida, está em questão apenas o indivíduo e não a nação judaica, cada judeu é um cidadão como qualquer outro de uma República livre, igualitária e fraternal, enfim desvencilhada do preconceito xenófobo, confessional ou étnico; daí a palavra de ordem: "tudo aos judeus como indivíduos".

A ideia encontra um caminho difícil na Europa. Ao longo do século XIX, o Antigo Regime ressurge constantemente na forma de contrarrevoluções e santas alianças e, às vezes, massacres de judeus. Os *pogroms* da Europa oriental, até o início do século XX, fazem parte da linhagem dos massacres de judeus pelas Cruzadas no caminho para Jerusalém. Mas o sentido da História é traçado, e a emancipação dos judeus acaba por se impor na Europa. Nesse sentido, os Ajchenbaum reconstituem as principais etapas:

> Após a queda de Napoleão e o Congresso de Viena (1815), as leis emancipatórias dos judeus são invalidadas na Europa, sendo exceções a França e a Holanda. A partir de então, na Alemanha, no Império Austríaco e na Itália, os judeus estão uníssonos com os movimentos liberais que incluem em seu programa a igualdade de todos os cidadãos. Os progressos e retrocessos da luta pela emancipação seguem o fluxo e o refluxo das revoluções. Finalmente, o acesso à cidadania é obtido na Áustria-Hungria em 1897 e acompanha a reunificação da Alemanha (1869-1871) e da Itália (1870). No Reino Unido, é fruto de um longo processo: simbolicamente, lembramos o ano de 1858: o barão Leonel Rothschield é o primeiro judeu a assinar o Parlamento. A Suíça concede a emancipação em 1874.[36]

Pode-se dizer que o preconceito xenófobo desaparece com a emancipação dos judeus? O que tende a desaparecer, com exceção de algumas ressurgências esporádicas, é a queixa teológica contra "o assassino de Cristo". Será, portanto, que Sartre, em 1947, se perde? Sartre não ignora que, por trás do preconceito teológico, o preconceito xenófobo puxa suas cordas, como um velho anão corcunda. Digamos que a queixa teológica é, em sua perspectiva, a forma histórica assumida pela estrangeiridade existencial. Essa queixa metamorfoseia-se, contudo, ao longo dos tempos e dos lugares. Na Idade Média, referia-se à obstinação dos judeus em ignorar "o salvador do gênero humano". Vencido

36 47 J. Lenglet-Ajchenbaum; Y.-M. Ajchenbaum, op. cit., p. 103.

politicamente pela modernidade revolucionária, o preconceito se reconfigura. Vemos então surgir nos discursos contrarrevolucionários uma tripla identificação dos judeus, simultaneamente complementar e antagônica, referente às classes populares, ao radicalismo revolucionário e às finanças. Em *Contra-História do Liberalismo*, Domenico Losurdo assinala esta metamorfose da queixa ideológica ("o assassino de Cristo") em um texto de William Burke de 1790, portanto imediatamente contemporâneo da Revolução Francesa:

> Para além de um estrato social bem específico (os intelectuais não proprietários, não ligados à terra e privados de raízes), a "intoxicação" ideológica de que o radicalismo é culpado remete a um bloco social cuja dimensão étnica começa a aparecer. É exatamente a aliança entre duas classes sociais sensivelmente diferentes a explicação da catástrofe da Revolução Francesa: de um lado, os "intelectuais políticos" [*political men of letters*], de outro, os "novos capitalistas", os grandes das finanças. Podemos entender facilmente as razões dessa aliança que parece estranha à primeira vista. As duas partes, ao menos, têm em comum o ódio pelo cristianismo [...], se conhecemos a religiosidade e o ateísmo dos intelectuais influenciados pelas Luzes, não se deve perder de vista o fato de que os "judeus de Change Alley", já estrangeiros por motivos religiosos e ideológicos em relação à cristandade, têm também um interesse material em seu enfraquecimento ou sua destruição: eles esperam hipotecar os "repatriados do arcebispado de Canterbury". [...] É a aliança entre os

> intelectuais subversivos agrupados na "Sociedade da Revolução" e "o púlpito do Velho Gueto" (*the pulpit of the Old Jewry*), ou "os fiéis do Velho Gueto", que se ocupam em falsificar o verdadeiro significado da Gloriosa Revolução e em divulgar os puros "princípios da Revolução" do "Velho Gueto", que busca destruir uma sociedade cujos pilares são o cristianismo e a aristocracia fundiária. Como podemos ver, Burke não deixa de insistir no papel dos judeus. Os dois componentes do bloco revolucionário são ligados por numerosas afinidades. Para além do ódio pela Igreja e pela nobreza agrária e cristã, é também sua exterioridade fundamental à nação que desempenha um papel importante. A classe dos intelectuais é também fundamentalmente apátrida, já que eles só demonstram "apego a seu país" na medida em que ele se adapta a "seus projetos flutuantes". Mas de onde vem a força do impacto da subversão? Para reverter a ordem existente, intelectuais e agiotas não são suficientes. Na realidade, é a "Taverna", a ralé embriagada e sanguinária que, ainda que subalterna, faz totalmente parte desse ataque subversivo. [...] Não há nenhuma dúvida: estamos diante da primeira teoria orgânica da revolução como um complô judaico.[37]

A "ralé embriagada e sanguinária", os "intelectuais políticos" e "os grandes das finanças", esse é o trípode que Burke denuncia desde 1790. E o "velho gueto"

37 Domenico Losurdo, *Contre-histoire du libéralisme* [2006], trad. B.Chamayou, Paris: La Découverte, 2013, p. 307-309.

parece ser a raiz de onde partem os três ramos do trípode (insociabilidade, impiedade, insubmissão). A vingança popular, a intelectualidade subversiva do homem de letras e o poder do dinheiro tornaram-se as três formas de concretização social da existência dos judeus e sua influência perniciosa sobre o corpo da nação. O judeu é associado à "ralé", uma vez que, sob o Antigo Regime, "na taxação os judeus são equiparados aos animais"; ele é associado ao homem de letras, impiedoso e subversivo, pois sua ligação visceral à letra do Antigo Livro, antes do que à instituição cristã, é impiedosa e subversiva; enfim, é associado ao poder oculto das finanças, já que os judeus, sob o Antigo Regime, praticavam a usura, proibida aos cristãos. E as três identificações – com ralé, o homem de letras, o agiota – ao mesmo tempo se opõem e se complementam. Marx, por exemplo, é um teórico da revolução social qualificado, de bom grado, como "judeu" por seus detratores antissemitas, enquanto ele mesmo às vezes utiliza sem escrúpulos as expressões "judeus das finanças" ou "judeus da bolsa", notadamente em *As Lutas de Classes na França:*

> Foi declarado que as cadernetas de poupança cujo montante ultrapassasse 100 francos deixariam de ser resgatáveis em dinheiro. Os valores depositados nas cadernetas foram confiscados e substituídos por um crédito reembolsável ao Estado. A pequena burguesia, já incomodada, se irrita com a República. Ela se viu forçada a ir à Bolsa vender os ativos do Estado recebidos no lugar das cadernetas. Isso significaria voltar

> diretamente às mãos dos judeus da Bolsa contra os quais a revolução operária tinha sido feita.[38]

A estrangeiridade dos judeus sob o Antigo Regime, devido à sua "execrável superstição", assumiu assim – após a Revolução Francesa por um lado, a Revolução Industrial por outro – novas formas, não mais principalmente rituais, mas políticas, econômicas e sociais, enfim, nacionais. Segundo Losurdo, o traço marcante do novo antijudaísmo decorrente da Reação residiria na singular ligação, inerente ao nome judeu, de duas forças sociais, porém, antagônicas: "Pela primeira vez, os judeus são acusados de evoluir, simultaneamente, em finança ávida e parasitária e em um movimento plebeu impulsionado por um furor destrutivo cego."[39] O fato é que, em última análise, o traço invariante do nome judeu, desde Paulo e Tácito até Burke, é, portanto, sua "exterioridade fundamental" aos pactos da promessa, sejam eles concebidos em termos teológicos ou seculares, como destaca finalmente Losurdo: "Para além do ódio da Igreja e da nobreza agrária e cristã, é também sua exterioridade fundamental à nação que desempenha um papel importante." Podemos dizer que "sua exterioridade fundamental" não desempenha apenas um papel importante, mas o papel principal, sempre, em todo lugar.

■ ■ ■

■ ■ ■

38 Karl Marx, *Les Luttes de classe en France*, Paris: La Table Ronde, 2001, p. 41.

39 D. Losurdo, op. cit., p. 310.

Milner observa que "o mundo muçulmano parece admitir o axioma de Peregrinus". Podemos concedê-lo a ele, no sentido de que o paradigma muçulmano é, de certa maneira, uma extensão do paradigma cristão, notadamente o fato de que o restabelecimento do *império* dos hebreus já não é nenhuma expressão de virtude, mas sim um escândalo. O estatuto dos judeus e cristãos é, sob a autoridade muçulmana, rigorosamente definido: são minorias monoteístas protegidas, mas subjugadas, seu estatuto sendo normalizado como *dhimmis*. Os Ajchenbaum explicam: "O dhimma é concebido como um pacto: em troca do reconhecimento e da proteção que usufruem, os dhimmis, ou seja, os protegidos, aceitam a primazia do Islã e a supremacia dos muçulmanos."[40] A religião dos judeus e dos cristãos é legítima (*religio licita*), desde que faça votos de submissão à autoridade teológico-política. A questão do estatuto dos judeus foi mais espinhosa sob a autoridade cristã por razões simultaneamente teológicas e sociais: em termos teológicos, os judeus não apenas ignoraram o Cristo, eles desejaram seu sofrimento e sua morte, pois o advento do "Homem novo" sinalizava sua própria morte metafísica, de modo que, persistindo assim em sua superstição no reino cristão, o estatuto dos judeus seria, de alguma forma, o de réus; desta vez em termos sociais, os judeus representam uma singular alteridade interior; por essa razão, se radicalizam no reino cristão as acusações do antijudaísmo pagão (insociabilidade, impiedade, insubmissão). O que isso difere da

40 J. Lenglet-Ajchenbaum; Y.-M. Ajchenbaum, op. cit., p. 54.

cristandade do Antigo Regime, da política das autoridades muçulmanas contra as minorias judaicas? Parece que não se distingue absolutamente da política romana em relação aos cultos bárbaros que convergiam "à própria Roma", sendo a autoridade teológico-política muçulmana simultaneamente protetora, tolerante e perseguidora, conforme os sobressaltos da História. Prossigamos a leitura do livro dos Ajchenbaum:

> Em troca [da segurança de sua pessoa e de seus bens], os "protegidos" submetem-se a restrições as quais, em sua maioria, têm um caráter social e simbólico: são proibidos de possuir armas e andar a cavalo; são obrigados a usar vestimentas ou insígnias distintivas; não podem habitar em uma casa cuja altura ultrapasse as residências muçulmanas vizinhas; têm direito a manter em bom estado os lugares de culto já existentes, mas não o de construir novos; devem praticar sua religião com discrição, mostrar um respeito inabalável pelo Islã e muçulmanos. Mais tangíveis e concretas são a proibição de exercer cargos públicos e sobretudo a obrigação do imposto de capitação, o *jizia*. Essa sanção fiscal se impôs, sem interrupção, em todo lugar, até o século XIX. Quanto às outras disposições, sua aplicação experimenta amplas variações de acordo com os lugares e as épocas: parece que elas têm sido mais frequentemente negligenciadas do que rigorosamente aplicadas. A tendência ao laxismo predomina nos períodos de expansão do Islã e poder dos Estados muçulmanos, enquanto uma estrita aplicação acompanha, muitas vezes, as épocas de crise e decadência.

> Essas reviravoltas frequentemente brutais contribuem para a insegurança da vida judaica. Às leis gerais da *dhimma* podem ser acrescentadas disposições particulares. No Marrocos, uma aplicação muito severa do estatuto é acompanhada da obrigação de residir em bairro separado, o Mellah. No Irã, o Islã xiita classifica os judeus (como todos os não muçulmanos) na categoria de coisas e seres ritualmente impuros (tais como a urina, o vinho, o porco, a carniça...), com os quais o simples contato leva a uma contaminação.[41]

Há, portanto, uma clara persistência do paradigma antigo: as superstições estrangeiras são sempre, em todo lugar, por todos, julgadas execráveis, pois parecem ameaçar, de qualquer maneira, a ordem teológica e política dominante, daí o estatuto dos judeus e cristãos em terra muçulmana, como o dos judeus em terra cristã – exceto que por ser o único estrangeiro de sempre, e enquanto significante de uma alteridade interior, o estatuto do judeu na cristandade é marcado por uma exterioridade ainda mais fundamental. Mas, além disso, o paradigma muçulmano encaixa-se, contudo, com o paradigma cristão, na medida em que a existência judaica em terra do Islã é uma existência protegida, porém submissa.

Se no Império Otomano a configuração medieval se perpetua, como também é o caso na Rússia até 1917, em contrapartida, com as revoluções políticas inglesa, americana e francesa, e com a Revolução Industrial,

41 Ibidem, p. 54-55.

uma nova configuração aparece, portanto, no Ocidente que consideraremos moderno. O paradoxo está no fato de que podemos também interpretar como um renascimento do paradigma antigo, no qual a questão das minorias religiosas é abordada sob um ângulo rigorosamente civil e político – à maneira de Tácito e, depois, de Spinoza – e não sobretudo teológico, à maneira da Inquisição. Quando o paradigma cristão do Antigo Regime se desintegra, à medida que se impõe o paradigma moderno derivado do Renascimento depois da Revolução, o projeto de um restabelecimento do *imperium* dos hebreus pode, novamente, fazer sentido na Europa.

Uma vez livre do teológico, o ensinamento político é, efetivamente, que as superstições, quando são convergentes, unitárias, aumentam o poder do coletivo, na medida em que contribuem para o fortalecimento da alma dos cidadãos e para sua determinação em suportar tudo pela pátria com uma constância e virtude singulares. É o ensinamento de Tácito e Spinoza: a "execrável superstição" dos judeus em Roma torna-se "obstinada" em Jerusalém. Entre o paradigma antigo da *cidade* e o moderno da *nação*, a palavra "pátria" de Spinoza, a respeito dos "hebreus" assentados em Jerusalém, aparece como transição: o sentido da pátria é uma virtude, e isso desde Tácito que, citado por Spinoza, saúda indiretamente o patriotismo dos "hebreus". Seria esse sentido da pátria aquele que Maquiavel reconhece em Moisés quando ele o apresenta como exemplo de "príncipe"? Ou seria aquele que Saint-Just atribui à antiga virtude romana precisamente pela diferença com o maquiavelismo de Moisés? Saint-Just, em seus escritos teóricos, de fato dirige a Moisés acusações oriundas de uma longa tradição, desde Orígenes até Lutero, depois Voltaire, logo Hegel:

> Moisés conta a fábula dos demônios e do Éden para aterrorizar seu povo com o castigo pela desobediência. Além disso, esse povo desnaturado nunca deixou seu fanatismo. Moisés tomou o cuidado de eternizá-lo pelas máximas da obediência sob a sujeição e pela esperança de um libertador. Moisés teve o cuidado de eternizá-lo pelas máximas da obediência sob a submissão e pela esperança de um libertador. Ideia aterrorizante que parece eternizar, com a mentira, o esquecimento da natureza humana. Nada deveria destruir essa impressão, e o próprio ferro que ceifa tudo devia se romper contra um preconceito tão religioso. Não temo absolutamente afirmar que Moisés foi o mais profundo e o mais hábil de todos os homens, ao mesmo tempo que foi o mais cruel. Ele encontrou o segredo de uma legislação eterna. Pois, se seu povo é infeliz, ele é paciente, e seu orgulho espera um libertador que submeta a terra a ele.[42]

■ ■ ■

42 Saint-Just, De la nature, *Œuvres complètes*, Paris: Gallimard, 2004, p. 1055-1056. Note-se que, em seu discurso "Franceses, mais um esforço se querem ser verdadeiramente republicanos", Sade escreve: "Licurgo, Numa, Moisés, Jesus Cristo, Maomé, todos esses grandes patifes, todos esses grandes déspotas de nossa ideias souberam associar as divindades que eles criavam na proporção de sua ambição desmesurada, e certos de cativar os povos com a sanção desses deuses, eles sempre tiveram, como sabemos, sempre o cuidado de os interrogar apenas no momento oportuno ou fazê-los responder somente aquilo que eles julgavam poder servir-lhes." (*La philosophie dans le boudoir*, Paris: Flammarion, 2007, p. 131).

O apego dos judeus a uma vã superstição seria devido ao maquiavelismo de Moisés, o fundador do *imperium* dos hebreus. A modernidade revolucionária parece herdar, portanto, aqui em um escrito teórico de Saint-Just, de um e outro paradigma, antigo e cristão: os judeus são não apenas adeptos de uma superstição estrangeira ao bem público, mas, além disso, eles não têm nenhuma noção da substância humana. Estando submetidos "pelas máximas de obediência sob o jugo e pela esperança de um libertador", eles só podem desconhecer "o salvador do gênero humano" – quer se trate de Cristo ou da Revolução. Ao contrário de Saint-Just, Maquiavel via em Moisés um exemplo de virtude: "Mas em referência àqueles que por sua virtude, e não pela fortuna, tornaram-se príncipes, digo que os mais excelentes são Moisés, Ciro, Rômulo, Teseu e alguns outros semelhantes."[43] A diferença entre o julgamento de Maquiavel e o de Saint-Just não provém, então, do fato de que se julgaria o nome judeu ora em Jerusalém, ora em Roma, dito de outra forma, sejam os "hebreus" ou os "judeus", mas pelo fato de que o filósofo clássico e o filósofo revolucionário realmente se opõem sobre a questão da virtude em política: "Moisés conta a fábula dos demônios e a fábula do Éden para aterrorizar seu povo com o castigo pela desobediência." O que Maquiavel qualifica como virtude em seu *Príncipe*, Saint-Just descreve como vício.

Em relação ao elogio maquiavélico a Moisés, existem, portanto, dois antijudaísmos: o de Burke, contrarrevolucionário, e o de Saint-Just, revolucionário.

43 Machiavel, *Le Prince*, VI, trad. J. Gohory.

O cerco se fecharia em torno do nome judeu desde 1790? Seria esquecer que a política revolucionária, se ela prolonga, em alguns aspectos, o antijudaísmo cristão, liberta-se dele em outros. Desse modo, Karl Marx, ao escrever *Sobre a Questão Judaica*, valida a identificação do judeu à usura, coincidindo, nesse ponto, com Bruno Bauer. Mas, além disso, ao contrário desse último, ele assume uma posição, seguindo Saint-Just, pela emancipação política dos judeus: "Se o Estado evangeliza quando, ainda que Estado, age de forma cristã em relação aos judeus, o Judeu faz política quando, ainda que Judeu, reivindica direitos cíveis."[44]

■ ■ ■

Antes de Marx, o próprio Hegel havia assumido uma posição a favor da concessão dos direitos cíveis aos judeus (concedidos na Prússia em 1811). Em uma nota do parágrafo 270 dos *Principes de la philosophie du droit* (Princípios da Filosofia do Direito), retoma essa "questão judaica" em um período, 1819, onde se observa na Alemanha um recrudescimento do antijudaísmo. Evocando o problema das seitas religiosas que não reconhecem o Estado como razão universal legislativa, notadamente os Quakers da América do Norte, Hegel é, no entanto, favorável à tolerância, concluindo que é "a força que ele também possui [que] permite ao Estado ignorar tais anomalias, sofrê-las e se recuperar

■ ■ ■

44 K. Marx, *Sur la Question juive*, apres. e coment. D. Bensaïd, trad. J.-F. Poirier, Paris: La Fabrique, 2006.

sobretudo pela força dos costumes e da racionalidade interna de suas instituições, para que ela atenue essas diferenças e as supere, sem que o Estado tenha que mostrar severidade na afirmação de seus direitos"[45]. Hegel se situa então no rastro de Tácito, invocando a força dos costumes romanos e a racionalidade de suas instituições, mais do que o exercício tirânico do poder e a crueldade fantasiosa. Tanto Tácito como Hegel identificam esses sectarismos diversos e variados, no fundo bárbaros, a "anomalias"; no entanto, ambos se opõem a persegui-los, pois seria uma fraqueza do Estado. Pensamos nas autoridades muçulmanas, mais ou menos liberais, segundo a força do Estado: "A tendência ao laxismo predomina nos períodos de expansão do Islã e de poder dos Estados muçulmanos." Logo após ter evocado os Quakers, Hegel aborda a questão judaica:

> Por mais que se tivesse o direito de se opor à concessão dos direitos civis aos judeus, pois estes não se consideravam somente como uma comunidade religiosa, mas como pertencente a um povo estrangeiro, os clamores que se levantaram desse ponto de vista e de outros ainda não levaram em conta o fato de que os judeus são, antes de mais nada, homens, e que, nesse sentido, não se trata de uma qualidade abstrata, desprovida de qualquer importância. Ela implica que apenas da atribuição dos direitos civis pode nascer o orgulho de ser reconhecido como pessoa jurídica na sociedade civil,

45 G.W.F. Hegel, *Principes de la philosophie du droit*, nota*, §270, trad. R. Derathé, Paris: Vrin, 1993, p. 27.

> e que dessa raiz infinita, independentemente de qualquer outra, pode brotar e se realizar a assimilação desejada dos modos de pensar e de sentir. A segregação da qual os judeus são acusados poderia ter sido mantida e, com razão, imputada e criticada como uma falha do Estado que os teria excluído, pois assim teria desconsiderado seu princípio, a instituição objetiva e seu poder. A afirmação dessa exclusão dos judeus, ainda que se possa ter acreditado estar absolutamente certa, revelou-se a mais insensata das experiências, enquanto, pelo contrário, a conduta dos governantes era condizente com a sabedoria e a dignidade.[46]

Nesse momento, é o judeu de Amsterdã a referência de Hegel. No *Tratado Teológico-Político*, ao final do capítulo III, Spinoza explica que, de fato, quando na Espanha concedeu-se aos judeus os mesmos direitos que os cristãos, eles se agregaram aos outros cidadãos, "de modo que, pouco depois, não restou deles, nenhum vestígio ou qualquer memória", enquanto, em Portugal, onde "tinham sido declarados indignos de todas as honras"[47], eles permaneceram segregados, apegados às suas anomalias. Milner assinalou em um livro, *Le Sage trompeur* (O Sábio Trapaceiro), que Spinoza inventa, do começo ao fim, uma "experiência" que nunca existiu, pois, longe de terem sido beneficiados na Espanha com os mesmos direitos que os cristãos, os judeus foram ali perseguidos pela Inquisição, mesmo após se

■ ■ ■

46 Ibidem, p. 274-275.

47 B. Spinoza, *Traité théologico-politique*, p. 177.

converterem (coagidos). E divergimos sensivelmente quanto à interpretação dada a essa anomalia no texto de Spinoza, como expliquei em um livro[48]. Hegel, leitor inocente do *Tratado Teológico-Político*, entenderia, por sua vez, que convém tomar uma posição a favor da concessão dos direitos civis aos judeus, de forma que eles se assimilem e a anomalia se resolva por si só. Dito de outra forma, seria conveniente declarar os judeus dignos das mesmas honras que os cristãos.

Mas as razões de Hegel distinguem-se, portanto, das do jovem Marx em um ponto crucial. Pois, seguindo Hegel, o raciocínio dos oponentes à emancipação dos judeus é juridicamente relevante: "se teria o direito formal de se opor à concessão de direitos civis aos judeus, uma vez que estes não se veem apenas como uma comunidade religiosa, mas se consideram pertencentes a um povo estrangeiro." No entanto existe, além disso, o "direito formal", a sabedoria prática – prossegue Hegel. E, nesse sentido, recusar os direitos civis aos judeus poderia, retrospectivamente, "ser imputado e criticado como uma falha do Estado", não jurídica, evidentemente, mas política. Pois se o "direito formal" ordenava a exclusão dos judeus, "a experiência" ordenava a concessão dos direitos civis, sendo o argumento, o seguinte: "da atribuição dos direitos civis, pode nascer o orgulho de ser reconhecido como pessoa jurídica na sociedade civil e [...] desta raiz infinita, independentemente de qualquer outra, pode brotar e

---

48 Ver *Le Sage trompeur* de Jean-Claude Milner, Paris: Verdier, 2013. e minha contra-análise na primeira parte do *Manteau de Spinoza*.

se realizar a assimilação desejada dos modos de pensar e de sentir." Marx, respondendo a Bauer, vai além de Hegel, pois não invoca "a experiência", mas um "direito formal" livre da teologia e, para além desta, da xenofobia: "Se o Estado evangeliza quando, ainda que Estado, age de forma cristã em relação aos judeus, o Judeu faz política quando, embora Judeu, reinvindica direitos cíveis."

Como isso se situa no texto de Spinoza? O filósofo de Amsterdã diz que se baseia na "experiência" espanhola, mas ela é fictícia. Hegel poderia ter mantido o essencial, mas partindo da experiência histórica e não ficcional: "A afirmação dessa exclusão dos judeus, ainda que se possa ter acreditado estar absolutamente certa, revelou-se a mais insensata das experiências." No entanto, Spinoza, assim como Hegel, considera que essa exclusão seria legítima ao basear-se no "direito formal"? Milner detecta no texto de Spinoza o apelo a uma aplicação rigorosa, metódica e desapaixonada de um "direito formal", que não apenas autorizaria, mas exigiria que desaparecesse o nome judeu. De minha parte, percebo exatamente o contrário, ou seja, o espírito, senão as palavras, da fórmula de Marx: "Se o Estado evangeliza quando, apesar de Estado etc." Um detalhe da obra de Spinoza é indicativo a esse respeito. Hegel considera que: "se teria o direito formal de se opor à concessão de direitos civis aos judeus, uma vez que estes não se veem apenas como uma comunidade religiosa, mas se consideram pertencentes a um povo estrangeiro". Spinoza, por sua vez, explica ao final de seu *Tratado Político* (inacabado) que em uma democracia os direitos cíveis são privilégio de todos, a não ser dos estrangeiros, escravos e mulheres. Mas, a respeito dos estrangeiros, ele especifica que é pelo fato de eles já pertencerem a um outro *imperium* que são excluídos da cidadania: "Afirmo expressamente 'que estão apenas obrigados pelas leis da pátria' para excluir os estrangeiros, que se supõe pertencerem ao *imperium* de um outro."[49] Segundo Spinoza, portanto, é na medida em que os estrangeiros, já sendo cidadãos de um primeiro Estado, não poderiam ser cidadãos de um segundo, enquanto Hegel parece ater-se ao fato de pertencer "a um povo estrangeiro", mesmo sem Estado. Spinoza considera a indivisibilidade do direito, Hegel a da nação. E, nesse sentido, Spinoza inaugura a tradição das Luzes, que Marx radicaliza, enquanto Hegel permanece enraizado no romantismo alemão.

■ ■ ■

Sobre a Questão Judaica marca a ruptura de Marx com Hegel, ruptura que diz respeito, portanto, particularmente a uma questão de direito formal. Mas, por outro lado, ele molda seu argumento no de Bauer, sendo os judeus nada mais do que o dito pelo preconceito teológico. Vamos abrir um parêntese sobre isso. Os preconceitos de um filósofo – os de Marx ou Heidegger, por exemplo – não comprometem necessariamente seu pensamento. O fato de identificar um

■ ■ ■

49 B. Spinoza, *Traité politique*, trad. B. Pautrat, Paris: Allia, 2013, p. 142.

preconceito xenófobo nos escritos de um filósofo não é suficiente para desqualificar o que do pensamento, e não do preconceito, nele se destaca, salvo aos olhos de quem não sabe distinguir um preconceito de um pensamento. Assim, Marx, em *Sobre a Questão Judaica*, certamente divulga preconceitos amplamente compartilhados em sua época, mas seu texto não permanece menos politicamente decisivo em dois pontos: por um lado, ele critica a insuficiência do direito formal derivado da Revolução Francesa; por outro, ratifica a aquisição que esse direito representa e o defende contra os ataques da Reação, tenha ela ares de benevolência de uma reflexão de Hegel sobre a experiência dos malefícios da perseguição.

Tudo isso parece tornar bem difícil as distinções nocionais: se os preconceitos de Marx se enquadram no antijudaísmo, então qual a natureza da posição de Bauer *contra* a concessão dos direitos cíveis aos judeus? O antijudaísmo assume múltiplas formas segundo as configurações históricas, e seus graus são diversos, sendo o ponto comum uma animosidade acentuada contra o judaísmo e, por extensão, aos judeus que o disseminam. Sua forma mais potencialmente criminosa é o antissemitismo, ou seja, a animosidade em relação aos judeus. Em sua forma racista, quase biológica, o antijudaísmo não tem mais muito a ver com os paradigmas precedentes, antigo e cristão. Quanto à transição de um antijudaísmo a um antissemitismo, alguns, no entanto, gostariam de situá-la na passagem da antiguidade de Tácito ao cristianismo de Paulo, correndo o risco de parecerem exagerados, ou até mesmo exaltados. Outros a situam mais facilmente na passagem do Antigo Regime, onde o preconceito atua principalmente por meio de um paradigma secularizado, por meio de percepções políticas, econômicas e sociais, enfim nacionais. O judeu do Antigo Regime deve se converter ao cristianismo se quiser deixar de ter o valor de um animal; o judeu moderno, principalmente aquele das finanças, deve trocar de função política, econômica e social se quiser deixar de ser um inimigo das classes populares. Existe o "judeu Nahmanide" de *A Disputa de Barcelona*[50] e o "judeu Fould" de *As Lutas de Classe na França*. Poderíamos situar aqui a transição do antijudaísmo para um antissemitismo? Não mais. O antissemitismo aparece quando a exterioridade fundamental do judeu não depende nem de um argumento teológico, nem tampouco de um argumento social, mas de um argumento racial – em outras palavras, racista –, o qual é formulado como segue na primeira metade do século XX: qualquer um de raça judaica se contrapõe (diz não) ao *imperium* da raça ariana. A Alemanha nazista, com a ajuda de outras autoridades europeias, conduziu uma guerra subterrânea contra a "raça judaica" por essa razão. O nazismo se esforçou, de início, em submeter a "raça judaica" produzindo um aparelho de leis criminosas, em seguida pretendeu expulsá-la e, por fim, assassiná-la. O antissemitismo encontrava-se, então, em seu auge, assim como dispositivo de execução: as câmaras de gás dos *campos de extermínio de judeus*.

50 Ver Nahmanide, *La Dispute de Barcelone*, Paris: Verdier, 1989.

Se o nazismo perdeu a batalha de Stalingrado e a guerra, em contrapartida, venceu a batalha de Auschwitz[51]. Muitos não se deram conta disso naquele momento, tendo os olhos voltados para Londres, Paris e Stalingrado. Assim, Simone Weil, exilada em Londres, escreve *L'Enracinement* (O Enraizamento) em 1943 e menciona o nome judeu apenas para se ocupar da ideologia que ele transmite, simultaneamente imperialista e racial. O imperialismo judeu é evocado em um capítulo intitulado "O desenraizamento operário":

> Seres verdadeiramente desenraizados têm apenas dois comportamentos possíveis: ou eles caem em uma inércia da alma, quase equivalente à morte, como a maior parte dos escravos no tempo do Império Romano, ou se lançam em uma atividade que tende sempre a desenraizar, frequentemente pelos métodos mais violentos, aqueles que não o são ainda ou têm essa condição apenas parcialmente. Os Romanos eram um punhado de fugitivos que se aglomeraram artificialmente em uma cidade, e privaram as populações mediterrâneas de sua própria vida, de sua pátria, de sua tradição, de seu passado, a um ponto tal que a posteridade os tomou, por suas próprias palavras, como fundadores da civilização nesses territórios. Os hebreus eram escravos fugitivos, e eles exterminaram ou reduziram à servidão todas os povos da Palestina. Os alemães, quando Hitler se apropriou deles, eram verdadeiramente, como ele

■ ■ ■

51 Gostaria de dar como referência, a esse respeito, meu livro *Qu'appelle-t-on penser Auschwitz?* (Prefácio de Alain Badiou, Paris: Lignes, 2009).

> repetiu frequentemente, uma nação de proletários, ou seja, de desenraizados; a humilhação de 1918, a inflação, a industrialização excessiva e, sobretudo, a extrema gravidade da crise do desemprego haviam provocado neles a doença moral em um grau de acuidade que conduz à irresponsabilidade. Os espanhóis e os ingleses que, a partir do século XVI, massacraram ou escravizaram populações negras eram aventureiros, quase sem nenhum contato com a vida profunda de seu país. É também assim para uma parte do império francês, que, aliás, foi constituído em um período em que a tradição francesa estava desvitalizada. Quem é desenraizado desenraiza. Quem é enraizado não desenraiza.[52]

Quanto à noção de "raça" transmitida pelo nome judeu, é evocada em um capítulo intitulado "O Desenraizamento Camponês." Weil recomenda ensinar "a história religiosa" nas escolas, "ler para as crianças passagens da Escritura e, acima de tudo, o Evangelho", e depois passa para outras religiões que não o cristianismo. É aí, então, que volta a questão do "judaísmo".

> Todo educador ou professor que deseje e que tenha conhecimentos e talento necessários, teria liberdade para falar para as crianças não apenas sobre o cristianismo, mas também, ainda que insistindo muito menos, sobre qualquer outra corrente do pensamento religioso autêntico. Um pensamento religioso é autêntico

52 Simone Weil, *L'Enracinement*, Paris: Gallimard, 1949, p. 66. (Reed. Col. Folio/Essais.)

> quando ele é universal por sua orientação. (Não é o caso do judaísmo, que está ligado à noção de raça.)[53]

O judaísmo é, portanto, uma ideologia imperial e racial, a dos escravos desenraizados, não tendo nenhuma outra vocação que a de desenraizar os povos vizinhos. É por essa razão que ele não deve especialmente ser ensinado para crianças nas escolas, nem mais, nem menos, aparentemente, do que seria apropriado ensinar o nazismo. Estamos então em 1943, e se Weil desconhecia, talvez, a extensão do massacre dos judeus, ela não poderia ignorar a existência da crítica bíblica. Portanto, ela situa o imperialismo dos escravos hebreus saídos do Egito no mesmo plano, *histórico*, que o imperialismo romano, espanhol, inglês, francês ou nazi. Que os hebreus tenham "exterminado ou reduzido à servidão todos os povos da Palestina", isso é, estritamente falando, fictício, assim como a criação do mundo em seis dias, a saída do Egito ou a entrega da Lei no monte Sinai. Um racionalista, efetivamente, considera tais relatos como fábulas, inversamente daqueles dos imperialismos romano, espanhol, inglês, francês ou nazi que são baseados em fatos. Ignorando, por um lado o fato antissemita levado a seu auge em Auschwitz, Weil, por outro lado, atribui ao mito o valor de um fato: "[Os hebreus] exterminaram ou reduziram à servidão todos os povos da Palestina." Será, em 1943, a criação de uma filósofa ou a visão de profetisa?

---

53 Ibidem, p. 121.

■ ■ ■

Em uma obra intitulada *Qui est Dieu?* (Quem é Deus?) Jean Soler informa os estados atuais da crítica bíblica, sintetiza suas próprias pesquisas na matéria e conclui que o deus dos hebreus apresentado na Bíblia, exceto algumas mínimas retificações, é um ídolo nacional; consequentemente, o culto dos hebreus é, a rigor, uma monolatria – adoração de um único ídolo – e não um monoteísmo. O único *ethos* que podemos encontrar aqui é uma vontade feroz de supremacia imperial e racial. Concluindo seu estudo, Soler esforça-se em mostrar que a escatologia judaica, fundada em uma visão binária da história e da sociedade, forjou o comunismo de Marx, Engels e Lênin, enquanto seu princípio racial teria forjado o nazismo de Hitler e o argumento de *Mein Kampf*: "Assim, foi em nome do deus dos judeus que Hitler quis afastar os judeus do caminho do povo alemão!"[54] Para nos salvar do comunismo e do nazismo, ambos com origem em Jerusalém, tal como duas cabeças emergindo da hidra, Soler apela, em última análise, a um "novo Renascimento".

> Hoje, quando o papel desempenhado pela Grécia antiga em nossa cultura está novamente em vias de extinção, o abandono do grego em nossos estabelecimentos escolares contribuindo para isso, não seria imperativo reavivar a lembrança de Atenas para dispor de ferramentas intelectuais e exemplos capazes de contrabalançar a influência de Jerusalém, que permanece

■ ■ ■

54 Jean Soler, *Qui est Dieu?*, Paris: Fallois, 2012, p. 111.

> predominante, fora das igrejas, sinagogas e mesquitas, em nossos espíritos e nossas existências, e muito mais facilmente na medida em que ela não é sempre identificada enquanto tal, nem tampouco percebida?[55]

O autor invoca Atenas, pois é dos gregos que provêm a deliberação, a palavra dialógica e a democracia:

> Os gregos pensavam, por sua vez, sobretudo em uma cidade democrática como Atenas, que seria possível modificar uma sociedade por meio de decisões coletivas tomadas a partir de livres debates contraditórios onde se escolhe o que parece preferível sobre uma determinada questão, em determinado momento, em determinadas circunstâncias, entendendo-se que nenhuma lei é definitiva. Eles tinham um acentuado sentido das nuances, do relativo, do incerto, enfim, da pluralidade, para conceber doutrinas do tipo absoluto, apoiadas sobre o "todo", o "sistematicamente", sobre a "necessidade" ou uma "simplificação" conduzindo a visões esquemáticas e posições extremistas.[56]

Parece que Soler atribui a Jerusalém o que Milner atribui a Roma: um louvor dos nomes do *Todo*. Prosseguindo na sua comparação entre Atenas e Jerusalém, Soler chega a sustentar que a primeira cidade concebe a guerra apenas de forma defensiva, ao contrário da segunda, imperial e racial:

55 Ibidem, p. 115.

56 Ibidem, p. 107.

> E eles não consideravam a violência indispensável para impor suas visões àqueles que tinham a infelicidade de não partilhar delas. Eles preferiam a "persuasão" (*peitô*) à "coação pela força" (*bia*), condenavam o "excesso" (*hubris*), com tudo que ultrapassa o "limite" (*péras*), e procuravam por meio da negociação arranjos capazes de evitar conflitos explícitos (*stasis*), ainda que estivessem prontos para entrar em guerra em caso de necessidade, a guerra essencialmente defensiva – a única que Aristóteles justifica – como as duas guerras que conduziram frente à invasão dos Perseus, para manter sua independência. Nunca houve, entre eles, uma guerra empreendida em nome de uma religião ou ideologia totalitária.[57]

"Jerusalém" nomearia uma lógica revolucionária, totalitária, belicosa e racial; "Atenas", uma lógica reformista, democrática, pacífica e universalista. A virulência do discurso é evidentemente sintomática. Mas é fácil reduzir isso a uma animosidade pronunciada em relação a Jerusalém, senão aos judeus. Soler baseia-se nos trabalhos da crítica bíblica. Portanto, é a esse respeito que se deve questioná-lo. A crítica bíblica, mesclando arqueologia e filologia, pretende restituir as crenças dos hebreus, sua sociedade e sobretudo a história de seus sucessivos Estados. Ela aprecia o sentido exato de um versículo, um grupo de palavras, de um nome, sob essa perspectiva. No entanto, nada justifica pensar que os dois fios coincidem, o da história dos Estados e o da

57 Ibidem.

significação dos textos bíblicos. A história dos Estados de Israel e da Judeia pode ser uma história regida pelo princípio da dominação, imperialista e racial, sem que isso necessariamente signifique que os textos hebreus sejam regidos por esse mesmo princípio. Podemos, efetivamente, partir da hipótese inversa, ou seja, que os próprios escribas hebreus eram "críticos". Mas tratando dessa questão em outro lugar[58], façamos uma outra pergunta, de certa forma, anterior: Soler é, ele próprio, um leitor "crítico"?

Ele interpreta os textos bíblicos à luz da história dos Estados, tal como a arqueologia esforça-se em reconstituí-la, e conclui que o deus dos hebreus (o tetragrama *yhvh*) é um deus tribal, um ídolo nacional que conhece apenas uma lei: submeter ou ser submetido. Sua demonstração seria convincente? Mais do que empreender um vasto estudo comparado entre Atenas e Jerusalém, política grega e política judaica, de maneira a determinar as relações materiais e ideológicas de ambas as cidades com a lógica imperial e racial, vamos nos ater aos principais fatos históricos reconhecidos que o autor relata em seu livro. O primeiro fato histórico de amplitude aparece logo na introdução: a helenização da Judeia. Para Soler, de fato, é importante assinalar de imediato que o monoteísmo é uma ideia tardia, nascida no pensamento de algum alto funcionário judeu ao longo do século III antes de Cristo, quando a Judeia já estava sob a influência grega: "Na época em que a cultura hebraica e a grega

58 Em *L'Écriture hébraïque de l'universal*, a ser publicado.

entraram em contato entre si, após a conquista da Palestina por Alexandre, em 333 antes de nossa era, os judeus helenizados deram-se conta que os gregos desconheciam tudo de seu povo."[59] Portanto, aprendemos casualmente que é Atenas que conquista Jerusalém, assim como ela conquista o mundo, pelo menos se nos ativermos ao fato histórico: "a conquista da Palestina por Alexandre, em 333 antes de nossa era". O segundo fato histórico de amplitude relatado por Soler é a destruição do templo pelas armadas babilônicas no VI século antes de Cristo, o exílio dos judeus na Babilônia, depois seu retorno do exílio sob dominação persa e a reconstrução do templo. O restante da obra é constituído essencialmente por interpretações de textos bíblicos, até que Soler mencione um terceiro fato histórico de magnitude, "o genocídio dos judeus pelos alemães nazistas"[60], fato esse que ele interpreta assim: "é em nome do deus dos judeus que Hitler quis afastar os judeus do caminho do povo alemão". Seria da mesma forma "em nome do deus dos judeus" que Nabucodonosor e depois, Alexandre conquistaram a Judeia e exilaram ou submeteram seus habitantes? Se for, talvez, o caso de Nabucodonosor não é, em contrapartida, o caso de Alexandre, pois, a respeito do imperialismo grego, Soler explicou inicialmente que, longe de querer imitar os judeus, "os gregos desconheciam tudo de seu povo". Quaisquer que sejam as motivações de Nabucodonosor, atendo-se aos principais fatos

59 J. Soler, op. cit., p. 10.

60 Ibidem, p. 112.

históricos reconhecidos, a lógica imperial e racial não provém, portanto, de Jerusalém, tampouco da Babilônia, Atenas ou Berlim. Considerando, em contrapartida, as interpretações de Soler, ela tem origem em Jerusalém. Denominemos isso de fabulação. Nessas circunstâncias, trata-se de estabelecer um jogo de relações entre fatos e interpretações, de forma que a interpretação prioriza os fatos, depois os escotomiza[61].

■ ■ ■

Lembramo-nos da singular observação de Spinoza a respeito dos judeus, ao final do capítulo III de seu *Tratado Teológico-Político*: "Que o ódio das nações seja precisamente o que as faz subsistir, a experiência já o demonstrou." O filósofo aprecia então os efeitos de um ódio voltado para "a execrável superstição" que os judeus praticam, principalmente a circuncisão. Essa prática, pelo fato de separar os judeus dos outros homens, suscita o ódio, pois separa os judeus, contribui para sua preservação sob a forma de uma nação "tantos anos e sem Estado". Objetos do ódio das nações, preferem permanecer judeus e valer o preço de um animal a se converter e valer o preço de um homem. Spinoza ocupa-se então do antijudaísmo, não do antissemitismo. Que o ódio não protege os judeus, mas os

■ ■ ■

61 Palavra derivada do termo "escotoma", o qual, na medicina, refere-se a uma área de cegueira parcial ou total no campo visual, geralmente causada por problemas neurológicos ou oftalmológicos. Utilizado no sentido figurado, "escotomizar" significa ignorar ou excluir de maneira deliberada ou inconsciente algo da percepção consciente que pode ser desconfortável ou perturbador. (N. da T.)

aniquila, a experiência ainda não havia ensinado em 1770. Mas ela está ensinando em 1943. E, seguindo Weil, o nazismo é o espelho invertido do "judaísmo", na exata medida em que "está ligado à noção de raça". Conhecemos a temível fórmula de Hitler: "não há na terra lugar para dois povos eleitos". Weil, convertida de alma ao cristianismo, quer, por sua vez, eleger a humanidade operária. Mas o fato é que, em 1943, o imperialismo hebreu ("eles exterminaram ou reduziram à servidão todas as populações da Palestina") é uma fábula, enquanto os imperialismos romanos, depois muçulmanos, finalmente europeus (inglês, francês, alemão) não são. É assim que, em 1943, o antijudaísmo de Simone Weil e o antissemitismo de Adolf Hitler se confrontam loucamente pelo mundo, de modo que judeus são exterminados em câmaras de gás de Auschwitz; em outras palavras, em lugar nenhum ou, pelo menos, em uma parte do mundo que não se nomeia, entre pessoas *civilizadas*.

Gosto de pensar que, refugiado em Londres em 1943, Spinoza, em vez de convidar os professores escolares a não ensinar o judaísmo às crianças, desceria até a rua, coberto com seu manto furado e talvez usando uma quipá, escrevendo nos muros: *Ultimi barbarorum*.

2

É preciso afirmar que a imagem da negação, se inevitável, deve ser severamente controlada, delimitada pelo poder prévio de uma afirmação.

ALAIN BADIOU,
À la recherche du reel perdu
(*Em Busca do Real Perdido*)

Ao sair da guerra, em 1947, as Nações Unidas (r)estabelecem o *imperium* dos hebreus. Os alvos preferidos pelo nazismo são, agora, dotados de um Estado instituído legalmente lado a lado com um Estado palestino. Um ano mais tarde, o sionismo é militarmente vitorioso, o Estado palestino inexistente. Os termos da "questão judaica" são consideravelmente modificados.

Desde que as ondas de imigração judaica na Palestina, iniciadas em 1881, na sequência de uma série de *pogroms* na Rússia, pareceram, aos olhos dos indígenas[1], não mais um acidente do destino, mas um projeto metodicamente conduzido de colonização, de expropriação e de dominação, eles começaram a se opor ao sionismo, tornando-se, por consequência, antissionistas. Após a Primeira Guerra Mundial e até 1947, a Grã-Bretanha, poder imperial mandatório, na sequência do desmantelamento do Império Otomano, é ambígua em relação à Palestina, ora apoiando os sionistas, ora os antissionistas. Mas de fato, desde a declaração de Lorde Balfour em 1917, evocando a criação de um "lar nacional para o povo judeu" na Palestina, até a conquista militar israelense – parcial em 1948, total em 1967 – de terras atribuídas ao Estado palestino na ocasião da partilha da ONU, o antissionismo indígena não deixou de ser vencido e o sionismo de ser vitorioso, tanto que se verá realizada a visão de Weil em 1943: "[Os hebreus] exterminaram ou reduziram à servidão todos os povos da Palestina." A partir de então, poderíamos dar crédito à fabulação.

Ao antissionismo, alguns se engajam moderadamente, outros de forma desmedida. O antissionismo certamente divaga quando atribui aos colonos judeus o extermínio dos povos indígenas da Palestina, os quais continuaram a aumentar em número desde a chegada dos primeiros sionistas. Em 1918, havia 600 mil indígenas na Palestina; em 2002, o número de palestinos no interior das fronteiras da Palestina mandatária era

▪▪▪

1 O autor utiliza o termo "indígena" em seu sentido estrito, de povo nativo ou do lugar. (N. da E.)

de 4,2 milhões e 3,5 milhões do lado de fora, ou seja, um total de 7,7 milhões de palestinos[2]. Isso não impede que Gilles Deleuze, em setembro de 1983, em um artigo exaltando Yasser Arafat, concluísse que foi "genocídio":

> É um genocídio, mas onde o extermínio físico permanece subordinado à evacuação geográfica: sendo apenas árabes em geral, os palestinos sobreviventes devem ir misturar-se com os outros árabes. O extermínio físico, seja ele delegado ou não a mercenários, é perfeitamente presente. Mas, não é um genocídio, dizem, já que este não é o "objetivo final": de fato, é mais um meio dentre outros.[3]

O filósofo pesa suas palavras: "É um genocídio." O fato de ser subordinado à "evacuação geográfica" não altera nada. É um "meio", não o "objetivo final", mas esse "meio" é, portanto, o "genocídio", e o filósofo não pretende perder-se em uma vã casuística. Provavelmente tomado de emoção pelo eco ainda vivo dos gritos das crianças, velhos e mulheres em Sabra e Chatila (setembro de 1982), agora está claro para ele: trata-se verdadeiramente de exterminar os palestinos, se necessário for.

Arriscando parecer frio, retomemos brevemente os fatos. Os "mercenários" em questão eram os falangistas

2 Ver Youssef Courbage, La Démographie des Palestiniens, *Le Droit au retour: Le Problème des réfugiés*, Arles: Actes Sud, 2002, p. 204. (Col. Sinbad.)

3 Gilles Deleuze, Grandeur de Yasser Arafat, *Deux régimes de fous: Textes et entretiens, 1975-1985*, Paris: Minuit, 2003, p. 222-223. O texto foi publicado em um número da *Revue d'études palestiniennes* em 1984.

(uma milícia fascista e cristã do Líbano); após a partida para a Tunísia, palestinos armados, intimados pelos israelenses a deixar Beirute, penetraram nos campos de refugiados nos campos de Sabra e Chatila, assassinaram as crianças, os velhos e as mulheres (muitas centenas de mortes segundo alguns e muitos milhares, segundo outros[4]); a comissão Kahn, em Israel, acusa Ariel Sharon de deixá-los agir, se não, encorajá-los, e uma marcha popular em Tel-Aviv exigia a demissão do ministro da Defesa. Mas quaisquer que sejam as responsabilidades de uns e outros nesse crime covarde e odioso, dos 600 mil indígenas vivendo na Palestina em 1918 havia, portanto, em 2002, mais de 4 milhões no território dominado pelo Estado "judeu" e muitos outros em suas fronteiras. O "genocídio", evidentemente, não é o ponto forte dos sionistas, visto que, na história, não faltam exemplos de populações indígenas aniquiladas por colonos. É necessário, então, admitir: o filósofo divaga a esse respeito.

No entanto, existe uma outra face do antissionismo, esta eminentemente razoável, já que se apoia no fato da dominação dos colonos judeus sobre os povos indígenas, fato histórico, material, dificilmente contestável efetivamente, de início em 1948 com o exílio forçado de centenas de milhares de palestinos, depois em 1967 com a ocupação de Jerusalém oriental, Cisjordânia e Gaza. A questão colocada é, portanto, a da dominação dos judeus israelenses sobre os árabes palestinos, e uma análise fundamentada a

4 As estimativas vão de 450 a 3.500 mortes, segundo as fontes.

esse respeito não deveria ser insuperável. No entanto, sobre esse tema, razão e desrazão entrelaçam-se de forma singular. É importante, portanto, olhar para isso mais de perto. Mais que um julgamento, denominamos isso um estudo.

■ ■ ■

Enquanto surgiam as primeiras formas de antissionismo indígena na Palestina, desenvolve-se na Europa um antissionismo como resultado da radicalidade política, com as potências liberais, conservadoras ou reacionárias, contentando-se, a respeito do sionismo, assim como sobre qualquer outro tema, em perseguir seus interesses imperiais (como fez a Inglaterra). Nas zonas da radicalidade política, sobretudo polonesa e russa, os judeus são abundantes. Alguns aderem ao antissionismo, outros ao sionismo. Os segundos começam a ser conquistados pelos ideais do nacionalismo, depois, a ocasião faz o ladrão, do colonialismo, enquanto os primeiros concebem uma política revolucionária, internacionalista e proletária. Assim, o Bund[5] assume posição desde 1898, ou seja, um ano após o congresso sionista da Basileia, qualificando o sionismo como "reação da classe burguesa judaica contra o antissemitismo e a privação de direitos cíveis"[6]. Judeus sionistas e não

■ ■ ■

5 A União Judaica Trabalhista da Lituânia, Polônia e Rússia, geralmente chamada de Bund, foi um movimento secular com início em 1897, em Vilnus, na Lituânia. (N. da T.)

6 Apud Léon Trotsky, *Question juive, question noir*, Paris: Syllepse, 2011, p. 41. (Textos apresentados por Danièle Obono e Patrick Silberstein.)

sionistas concordam no que diz respeito à perenidade de um antijudaísmo que, do caso Dreyfus ao caso Beilis (que vê ressurgir na Rússia acusação de crime ritual), atravessa toda a Europa e começa a drenar um racismo semelhante àquele que oprime os "negros" nos Estados Unidos. O que opõe uns aos outros, sionistas e antissionistas, é a questão de saber se a libertação de um "Estado que evangeliza" ou de uma política antissemita passa pelo restabelecimento do *imperium* dos hebreus ou pela transformação igualitária da sociedade. Os revolucionários, tendo Leon Trótski à frente, eram, portanto, antissionistas, pois lutavam pela emancipação política, econômica e social – sempre, por toda parte e para todos – e não pelo restabelecimento na Palestina de um *imperium* dos hebreus. Mas o fato é que na Europa "o antissemitismo e a privação de direitos" sobrepujaram-se à revolução social, e as comunidades judaicas da Europa foram aniquiladas. Depois, ao sair da guerra e do genocídio, os judeus obtiveram um Estado, de início legalmente instituído pela ONU (1947) e finalmente imposto pelas armas (1948). A observação de Spinoza a respeito do possível restabelecimento de seu *imperium* revelou-se profético: "Quando a oportunidade se lhes apresentar, como as coisas humanas são mutantes, [os judeus] reestabelecerão seu *imperium*." Rousseau, na esteira de Spinoza, observa que o estabelecimento da verdade em matéria teológica depende principalmente de uma relação de força política:

> Conheceis muitos cristãos que tenham se dado o trabalho de examinar cuidadosamente o que o judaísmo

argumenta contra eles? Se alguns viram algo ali, foi no livro dos cristãos. Um bom modo de se inteirar das razões de seus adversários! Mas como fazer? Se algum de nós ousasse publicar livros em que apoiaríamos abertamente o judaísmo, seriam punidos o autor, o editor e o livreiro. Essa censura é conveniente e segura para que se esteja sempre com razão. Há prazer em confrontar pessoas que não ousam falar. Aqueles dentre nós que estão mais próximos do diálogo com judeus não estão em posição melhor. Os infelizes sentem-se à mercê; a tirania exercida contra eles torna-os temerosos. Eles sabem quão pouco a injustiça e a crueldade custam à caridade cristã; o que nos atreveríamos a dizer sem que nos sujeitássemos a acusações de blasfêmia? A avidez nos torna zelosos, e eles são ricos demais para não ter razão. Os mais sábios, os mais esclarecidos, são sempre os mais circunspectos. Convertereis algum miserável pago para caluniar sua seita; conseguireis que falem alguns vis aduladores, os quais cederão para vos agradar; triunfareis sobre sua ignorância ou sua covardia enquanto seus Doutores sorrirão em silêncio de vossa inépcia. Mas acreditais que, nos lugares em que eles se sentem em segurança, serão tão bem tratados a um preço baixo? Na Sorbonne, está claro como o dia que as previsões do Messias se referem a Jesus Cristo. Entre os rabinos de Amsterdã, é evidente também que eles não têm nenhuma relação. Nunca acreditarei ter compreendido completamente as razões pelas quais os judeus não tenham um Estado livre, escolas, universidades onde possam falar e discutir em segurança. Somente assim poderemos saber

> o que eles têm a dizer. Em Constantinopla, os turcos declaram suas razões, mas não ousamos expressar as nossas; agora é nossa vez de nos rebaixar. Se os turcos exigem de nós, em relação a Maomé, em quem não acreditamos em absoluto, o mesmo respeito que exigimos dos judeus para Jesus Cristo, em quem eles também não acreditam, estariam os turcos enganados e nós teríamos razão? Sob qual princípio de equidade resolveremos esta questão?[7]

Constatando que as disputas teológicas têm como razões, em última análise, um argumento de autoridade, tanto que os judeus se curvam diante das razões dos cristãos em terra cristã, quanto os cristãos se submetem às razões dos turcos em terra turca, o filósofo conclui: "Nunca acreditarei ter compreendido completamente as razões pelas quais os judeus não tenham um Estado livre, escolas, universidades onde possam falar e discutir em segurança." É o argumento sionista: dispor de um Estado no qual "as razões dos judeus" não tenham que ser submetidas ao argumento da autoridade dos cristãos ou dos turcos. Pois, seja em terra cristã ou muçulmana, os judeus foram submetidos às "razões de seus adversários", é um fato histórico, material, singularmente massivo.

No entanto, é uma outra maneira de conceber um "princípio de equidade": podemos, evidentemente, reivindicar que os judeus, assim como os cristãos e os

■ ■ ■

7 J.-J. Rousseau, *Professio du Vicaire savoyard* (Livro IV de *Emilio*), Paris: Gallimard, 1969, p. 118-119. (Col. Folio.)

turcos, disponham de um "Estado livre", mas podemos igualmente sustentar, sempre na esteira de Spinoza, que "a liberdade de filosofar pode não somente ser concedida sem prejuízo para a devoção e a paz da república, mas também não pode ser retirada sem, ao mesmo tempo, retirar a paz da república e a devoção"[8]. Essa outra via é a da emancipação política, perseguida pela Revolução Francesa, depois, por Marx, enfim, permanentemente instituída pela separação da Igreja e do Estado sob a Terceira República (1905, lei Briand); "A República assegura a liberdade de consciência", "garante o livre exercício dos cultos" (artigo 1), mas "não reconhece, não paga salário, nem tampouco subvenciona nenhum culto" (artigo 2). Mais do que ter Estados cristãos, Estados muçulmanos e um Estado judeu, os revolucionários judeus e não judeus orientam-se seguindo os dois princípios eminentemente spinozistas: liberdade de filosofar e independência da autoridade política em relação a autoridades teológicas e étnicas. Um ano após a lei Briand, um decreto da corte de cassação reabilita o capitão Dreyfus. Mas ao mesmo tempo, na Rússia, a contrarrevolução de 1905 abre a via aos *pogroms*: "Contabilizaremos, de fato, setecentos *pogroms* em 1905-1906 na sequência do fracasso da revolução."[9] E se as convicções religiosas perdem sua influência política na França e na Alemanha, as convicções xenófobas ganham a sua com a

8 É o subtítulo do *Tratado Teológico-Político*: "Várias dissertações que mostram que a liberdade etc."

9 L. Trotsky, op. cit., p. 39.

ascensão dos nacionalismos na Europa. Assim, o traço marcante do nome judeu aos olhos dos nacionalistas europeus é sua "exterioridade fundamental à nação". O problema, portanto, está posto novamente, e sua solução leva às câmaras de gás.

No entanto, existe uma terceira via, diferente do caminho revolucionário que levou Trótski ao exílio no México, e diferente do caminho nazista que levou judeus às câmaras de gás: o caminho sionista em direção à Palestina. O sionista coloca o problema judeu nestes termos: "Se os judeus como minoria tivessem os mesmos privilégios que vocês prometeram aos árabes como minoria, vocês se considerariam satisfeitos? – Não, senhor, respondera Golda Meyerson. Pois é preciso que haja um lugar onde os judeus não sejam minoria." É a transcrição de um diálogo entre um membro da última comissão anglo-americana que pesquisava na Palestina em 1946 e Golda Meir (Golda Meyerson[10]). A resposta de Golda Meir formula o argumento sionista, seu axioma: "que haja um lugar onde os judeus não sejam minoria". A minoria judaica é, de fato, suscetível de ser odiada, perseguida, expulsa, assassinada, sempre, em todo lugar, por todos. Seria suficiente, por exemplo, que a fina veste da igualdade laica e republicana fosse rasgada, para que reaparecesse o corpo de um antigo antagonismo, inicialmente xenófobo, depois teológico, enfim racial; daí o argumento sionista: "é preciso que haja um lugar onde os judeus não sejam minoria".

■ ■ ■

10 Segundo Marie Syrkin, *Golda Meir*, apud M. Rodinson, op. cit., p. 216.

Mas a solução sionista do problema judeu apresenta, em si mesma, um problema, uma vez que efetivamente, na Palestina, os judeus eram uma minoria. Para resolvê-lo, seria necessário que o maior número possível de judeus chegasse à Palestina até o ponto de, em uma porção substancial do território, não serem mais uma minoria, ou então que os indígenas fossem deslocados, ou ainda, ambas as alternativas. Hannah Arendt avalia, em um artigo datado de 1950, que os quadros dirigentes sionistas consideravam, desde pelo menos 1942, o deslocamento das populações indígenas, um mal menor:

> O programa Biltmore em 1942 formulou oficialmente, pela primeira vez, os objetivos políticos dos judeus: um estado judeu unitário na Palestina com o consentimento de certos direitos das minorias aos árabes da Palestina, os quais compunham ainda a maioria da população palestina. Simultaneamente, o movimento sionista vislumbrava e debatia abertamente a transferência dos palestinos árabes para os países vizinhos.[11]

É com a guerra de 1948 que ocorre o exílio forçado de centenas de milhares de palestinos, homens, mulheres e crianças (entre 700 mil e 800 mil pessoas deslocadas). Na perspectiva da relação demográfica entre judeus e árabes que prevalecia às vésperas do conflito, aproximadamente 50/50 nas fronteiras do Estado "judeu" ("judeu" para se diferenciar do Estado "árabe", que lhe

▪▪▪

11 H. Arendt, La Paix ou l'armistice au Proche-Orient, *Auschwitz et Jérusalem*, trad. S. Courtine-Denmy, Deuxtemps Tierce, 1991, p. 177. (Col. Agora.)

era justaposto no papel), o desejo sionista, realizado, definitivamente, pela via das armas, portanto, não foi tanto aquele formulado por Golda Meir em 1946 – "um lugar onde os judeus não sejam uma minoria" – mas um outro desejo, alternativo a esse, ou melhor, subjacente, implícito, dito pela metade, ou seja, *um lugar no mundo onde os judeus sejam maioria*. Relativamente a esse desejo, a guerra desencadeada pelos países árabes vizinhos contra o Estado de Israel recentemente criado foi providencial. Pois, enfrentando a coalizão das forças armadas árabes, por um lado (na vertente heroica), expulsando os habitantes palestinos, por outro lado (na vertente obscena), nas fronteiras que o jovem Estado desenhou pelas armas, o sonho tornou-se realidade: *um lugar no mundo onde os judeus são maioria*. Mas a *Schoá*[12] faria, a partir de então, durante a *Nakba*[13], o sonho de uns, tornando-se o pesadelo de outros...

■ ■ ■

Como Leon Trótski concebia, especificamente, os termos do problema e sua solução antes que a história tomasse um rumo inevitável? Ele expõe suas perspectivas sobre a questão judaica em 1934, na ocasião de uma entrevista para o jornal militante americano *Class Struggle*:

> – O Partido comunista oficial caracterizou, sem hesitar, os acontecimentos que opuseram os judeus e os árabes

■ ■ ■

12 *Schoá*, palavra hebraica que significa "catástrofe". (N. da T.)

13 *Nakba*, palavra árabe que significa "catástrofe". (N. da T.)

na Palestina em 1929, como o levante revolucionário das massas árabes oprimidas. O que pensa dessa análise?

– Infelizmente, não conheço suficientemente os fatos para me arriscar a formular uma opinião categórica. Por ora, estou estudando a questão. Depois, conseguirei avaliar mais facilmente em que medida se encontravam presentes elementos tais como as forças de libertação nacionais anti-imperialistas, os maometanos reacionários e os antissemitas incitadores de *pogroms*. À primeira vista, parece-me que todos esses elementos estavam presentes.

– Como avalia a Palestina enquanto eventual pátria para os judeus e o que pensa sobre um país, em geral, para os judeus? Não considera que o antissemitismo do fascismo alemão impõe aos comunistas vislumbrar a questão judaica sob outra perspectiva?

– O estado fascista alemão e o conflito judeu-árabe confirmam, com evidência, o princípio de que a questão judaica não pode ser resolvida no contexto do sistema capitalista. Não sei se a população judaica será reconstituída enquanto nação. Em todo caso, não há nenhuma dúvida de que as condições materiais necessárias à existência dos judeus enquanto nação independente poderiam ser oferecidas somente pela revolução proletária. A ideia de que uma nação pode reivindicar mais do que outra o direito a um país nos é completamente estranha. Só podemos conceber essa instalação de base territorial para os judeus na Palestina ou em qualquer outro país se for acompanhada de migrações de importantes massas humanas. Somente o socialismo vitorioso pode se encarregar de uma tarefa como essa.

> Podemos prever que esse fato ocorrerá, seja baseado em uma compreensão mútua, seja com a ajuda de uma espécie de tribunal internacional do proletariado, que poderia assumir a frente dessa questão e resolvê-la. O beco sem saída em que se encontra envolvida a população judaica na Alemanha é, assim como o sionismo, indissoluvelmente ligado ao beco sem saída do capitalismo mundial no conjunto. Os trabalhadores judeus somente serão preservados do pessimismo e do desespero quando tiverem uma visão clara dessa inter-relação.[14]

Enquanto o "Partido comunista oficial" se colocou do lado "dos árabes" contra "os judeus", Trótski é mais comedido, revelando entre os antissionistas indígenas três componentes: "as forças de liberação nacionais anti-imperialistas, os maometanos reacionários e os antissemitas incitadores de *pogroms*". O que o órgão oficial do stalinismo descreve como "o levante revolucionário das massas árabes oprimidas", Trótski o descreve, "à primeira vista", como um fenômeno imbricado e, sobretudo, dividido. Se é evidente que Trótski está do lado das "forças de liberação nacionais anti-imperialistas", não é menos evidente que ele se opõe aos "maometanos reacionários" e, mais ainda, aos "antissemitas incitadores de *pogroms*". A questão, a partir desse momento, é saber se ele distingue, dentro de certas correntes sionistas, algo que não seja uma "reação da classe burguesa judaica"; em outras palavras, se ele distingue igualmente, dentre os sionistas, forças de

---

14 L. Trotsky, op. cit., p. 116-117.

liberação nacionais anti-imperialistas, além dos israelitas reacionários e dos racistas incitadores de *pogroms*. Trótski não aborda a questão das divisões internas do sionismo. Mas, de imediato, ele propõe um princípio: o direito a um país é igual para todos. ("A ideia de que uma nação pode reivindicar mais do que outra o direito a um país nos é completamente estranha"). E acrescenta uma observação: "Só podemos conceber essa instalação de base territorial para os judeus na Palestina ou em qualquer outro país se for acompanhada de migrações de importantes massas humanas."

Em 1934, quando questionado sobre o que pensa de um "país para os judeus", não responde que é um projeto colonial, imperialista e genocida; responde, primeiramente, que ele "não sabe se a população judaica será reconstituída enquanto nação"; a seguir, que um "país para os judeus" supõe "o socialismo vitorioso", sem o qual sobreviriam, certamente, graves injustiças para outros que não os judeus. O que fazer enquanto não vem "o socialismo vitorioso"? "Por ora, estou estudando a questão." Infelizmente, antes que ele pudesse apresentar seu relatório à classe operária, Trótski foi assassinado por um homem a mando de Stálin. Tendo tempo de estudar essa questão, Arendt distinguia, de sua parte, ao longo do artigo já evocado, duas "tendências distintas" no sionismo:

> Desde o início, o sionismo esconde duas tendências distintas que convergem apenas na necessidade de um lar nacional judeu. A tendência vitoriosa, a tradição de Herzl, encontrava seu principal impulso na concepção

> do antissemitismo como um fenômeno "eterno" presente em todos os países da Diáspora judaica. Ela era fortemente influenciada pelos pequenos movimentos de libertação nacional do século XIX e negava a possibilidade de os judeus sobreviverem em outra parte que não na Palestina, e em outras condições que não fossem as de um Estado judeu soberano. A outra tendência, que remete a Ahad Ha'am, via na Palestina o centro cultural judeu que inspiraria o desenvolvimento espiritual de todos os judeus dos outros países, mas sem a necessidade da homogeneidade étnica e da soberania nacional. Desde 1890, Ahad Ha'am tinha enfatizado a presença, na Palestina, de uma população de origem árabe e a necessidade da paz. O objetivo traçado por aqueles que o seguiram nunca foi o de tornar a "Palestina tão judaica quanto a Inglaterra é inglesa" (retomando os termos de Weizmann), pois lhes parecia mais importante, para a renovação do movimento, instalar um centro de ensino superior do que fundar um Estado. A realização mais importante da tradição de Herzl é o Estado judeu; ela ocorreu (como temia Ahad Ha'am no final do século XIX, e como Judah L. Magnes previra havia mais de cinquenta anos), ao custo de uma guerra entre judeus e árabes. A mais importante realização da tradição de Ahad Ha'am é a Universidade hebraica.[15]

A respeito da dualidade sionista que Arendt evoca (Herzl e Weizmann de um lado, Ha'am de outro), conhecemos a

■ ■ ■

15 H. Arendt, *Auschwitz et Jérusalem*, p. 191-192.

observação de Rousseau: "Em Constantinopla, os turcos declaram suas razões, mas não ousamos expressar as nossas; agora é nossa vez de nos rebaixar." Como Ha'am concebia o esplendor de uma universidade hebraica em um Estado onde os judeus constituiriam uma minoria? Não há, portanto, outra solução, outro "princípio de equidade", do que ver se submeterem, ora uns, ora outros, conforme as épocas e os lugares? Outra tendência do sionismo, a de Weizmann, concluía que era necessário alcançar "a homogeneidade étnica e a soberania nacional". Ha'am, e outros que se seguiram a ele, entre os quais Buber ou Magnes, não eram, no entanto, sonhadores ingênuos; eles entendiam que, a menos que resultasse em um conflito interminável, precisavam construir um acordo judeu-árabe, chegar a uma compreensão mútua fundada em alguns grandes princípios compartilhados: *liberdade de filosofar*; *desenvolvimento material e espiritual do país em benefício de todos os seus habitantes*; *completa igualdade de direitos sociais e políticos de todos os cidadãos, sem distinção de crença, raça ou sexo*; *liberdade de consciência, de culto, de educação e de cultura*; *salvaguarda e inviolabilidade dos Lugares santos e santuários de todas as religiões*.

Quando, em 1947, na sequência de um voto das Nações Unidas, a Palestina é dividida em dois Estados, "judeu" e "árabe", qual das duas tendências do sionismo prevaleceu é uma questão que, na essência, permanece em suspenso. Foi na ocasião da guerra de 1948 que o desejo de um lugar no mundo onde os judeus sejam maioria – o que supõe que se almeja uma "homogeneidade étnica" – prevalece sobre o desejo de um lugar no mundo onde os judeus não sejam uma minoria – o que supunha, em contrapartida, um acordo judeu-árabe, o qual se revelava, de fato, necessário em um Estado "judeu" que, tendo como base os termos da partilha da ONU em 1947, teria sido constituído para aproximadamente metade dos árabes palestinos:

> No Estado judeu iriam se encontrar 498 mil judeus e 407 mil árabes. O subcomitê havia aceitado o que afirmava a Unscop, ou seja, que esse desequilíbrio seria corrigido pela chegada dos refugiados provenientes da Europa. As superpotências tinham até mesmo combinado de conceder aos judeus uma zona franca para permitir a imigração durante o período de transição. Essa concessão se revelaria ainda mais benéfica aos judeus do que o previsto, pois permitiria a importação fácil de armas e munições.[16]

Ilan Pappé, ao comentar a imigração previsível "dos refugiados judeus provenientes da Europa", enfatiza as implicações políticas e, em breve, militares: trata-se de justificar a criação no papel de um Estado "judeu" em 1947, apesar da ausência de homogeneidade étnica e, depois, impô-la pelas armas. Mas permanece, assim, o fato de que, às vésperas da guerra em 1948, a tendência progressista representada por Buber, Magnes e outros ainda era suscetível de prevalecer politicamente

16 Ilan Pappé, *La Guerre de 1948 en Palestine: Aux origines du conflit israélo-arabe* [1992], trad. M. Luxembourg, Paris: La Fabrique, 2010, p. 65.

no interior das fronteiras do Estado "judeu", onde mais de quatro habitantes em dez eram árabes. Sob a condição de selar uma aliança com as forças árabes anti-imperialistas, e juntas combaterem os maometanos-israelitas reacionários e os incitadores de *pogroms*, sejam eles quais forem, o Estado "judeu" inscrito no papel podia se calar em um acordo judeu-árabe. Infelizmente, a lógica reacionária prevaleceu: os Estados árabes vizinhos, seguindo seus próprios interesses, o de um pequeno imperialismo regional, desencadearam a guerra de 1948, e isso foi providencial para a outra tendência do sionismo, que, mal ou bem, soube conciliar o imperativo heroico com um outro imperativo, este, obsceno: a homogeneidade étnica. O projeto de uma soberania nacional judaica tornou-se, ao final da Guerra da Independência, um fato consumado: *havia um lugar no mundo onde os judeus eram maioria* – ainda que esse lugar do mundo, por mais estreito e desprovido que fosse, representasse finalmente a vez dos cristãos e muçulmanos se curvarem diante das razões dos judeus.

■ ■ ■

Após a descoberta das câmeras de gás de Auschwitz, o sionismo de Weizmann dispôs de um argumento moral, de uma potência inédita, quase teológica: tornou-se indecente, dada a escalada do crime nazista, questionar "essa instalação de base territorial para os judeus na Palestina", ainda que às custas de "migrações de importantes massas humanas", sobretudo pelo fato de que seriam árabes... A reação burguesa europeia dera um cheque em branco à reação colonial judaica. Pelo menos, é isso que comumente lembramos, não sem razão, é evidente, mas o quadro é parcial. No contexto regional da época, o de dispersão do Império Otomano, as soberanias nacionais são construídas tendo por base uma homogeneidade étnica, e a guerra é a oportunidade de fazer a "faxina"[17]. Notadamente, esse foi o caso na Turquia, onde, segundo algumas estimativas, perto de 1,5 milhão de armênios foram assassinados entre 1915 e 1916 com o único objetivo de consolidar uma homogeneidade étnico-religiosa na Anatólia e, nessa mesma ocasião, destruir qualquer anseio nacional armênio. Era ainda um genocídio artesanal, mas já metódico. Além dos crimes em massa, procede-se igualmente a deslocamentos de população para homogeneizar um território. Evocando a política turca em relação a minorias religiosas ao final da Primeira Guerra Mundial, um historiador escreve:

> Para as populações não muçulmanas, outras soluções são acionadas, com o objetivo de assegurar, simultaneamente, sua proteção e a homogeneidade étnica nacional dos novos Estados. O deslocamento das populações é uma delas, com, por exemplo, um vaivém entre os cristãos gregos ortodoxos da Turquia e os muçulmanos da Grécia, que diz respeito direta ou indiretamente a

■ ■ ■

17 Prova disso é a expulsão dos árabes da Galileia durante a guerra de 1948, nomeada "Operação Vassoura" pelo comando israelense. Ver, sobre esse tema, o documentário *Route 181*, uma correalização de Michel Khleifi e Eyal Sivan, e o livro que dedicamos a ele: *L'intellectuel compulsif* (Paris: Lignes, 2015).

> milhões de pessoas. Nos níveis social e demográfico, esse revezamento marca a passagem da era dos impérios para a dos Estados-nações. Ele confirma também a superposição das lealdades religiosas e nacionais, pois trata-se de construir novas sociedades nacionais pelo deslocamento forçado de centenas de milhares de pessoas segundo um critério de pertencimento religioso.[18]

São esses precedentes históricos que servem de argumento aos negociadores israelenses sobre a questão dos "refugiados": os palestinos expulsos da Palestina pelos israelenses entre 1948 e 1967 teriam sido "trocados", por uma espécie de "revezamento", com os judeus expulsos dos países árabes durante o mesmo período, sabendo que perto de 700 mil judeus orientais[19], principalmente provindos de países árabes, emigraram para Israel após 1948. Podemos contestar a legitimidade do argumento, e até mesmo julgá-lo severamente, mas o fato é que a expulsão de aproximadamente 800 mil civis palestinos em 1948 insere-se, infelizmente, em um contexto histórico e regional em que o recurso às migrações forçadas é recorrente, como recorda outro historiador:

18 A. Dalachanis, Confessions et minorités, em Leyla Dakhli (dir.), *Le Moyen-Orient : Fin XIX-XX*, Paris: Seuil, 2016, p. 86.

19 "Após o êxodo da população árabe palestina durante a guerra de 1948, 700 mil judeus, principalmente originários do mundo árabe (*mizrahim*), vieram se estabelecer no país." (P. Bournaud, Les marginaux, em Leyla Dakhli [dir.], op. cit., p. 179.) Os 700 mil judeus não foram todos expulsos de seu país de origem, mas a maioria deles foi obrigada a partir em função da guerra árabe-israelense.

> As migrações forçadas vivenciadas pela região envolvem processos específicos. Elas induzem não apenas a formação de comunidades nos países de chegada, mas também reivindicações políticas que conduzem à formação de diásporas, comunidades que compartilham uma memória traumática e, eventualmente, alimentando o imaginário de um retorno a uma terra de origem. Uma primeira fase, que abrange sobretudo o período de 1876-1948, é marcada pela intensificação das expulsões. É o caso dos muçulmanos nos Bálcãs e no Cáucaso, dos armênios, mas também dos assírios-caldeus de Tur Abdin e de Hakkari deportados e massacrados em 1917, daqueles do norte do Iraque expulsos em 1933, dos gregos da Ásia Menor entre 1920 e 1923, dos palestinos em 1948, e ainda os não muçulmanos de Istambul em 1955, bem como os gregos do norte do Chipre em 1974. A lista não é completa.[20]

Philippe Bournaud ressalta em outro artigo que as expulsões são concebidas como definitivas; dito de outra forma, sem direito ao retorno: "A Turquia kemalista se opõe ao restabelecimento das populações deportadas desde 1914 (gregos, armênios, mas também, em 1925, curdos) e indesejáveis, inimigos políticos do regime."[21] Se aos olhos de um revolucionário a banalidade do mal não é um argumento, o fato é que ele se entretém, portanto, com os apóstolos de sua excepcionalidade, sejam eles quem forem.

▪▪▪

20 P. Bournaud, Les Migrations, em Leyla Dakhli (dir.), op. cit., p. 193-194.

21 Idem, Les Nationalités, em Leyla Dakhli (dir.), op. cit., p. 227.

■ ■ ■

A partir da Guerra dos Seis Dias (1967) e da ocupação israelense da totalidade da Palestina mandatária, a questão palestina impõe-se como um marcador, uma espécie de xibolete, discriminando as forças da burguesia colonial daquelas da descolonização indígena. O filósofo Alain Badiou, após Gilles Deleuze, confirma isso. Desde 1968, ele se esforça em seguir metodicamente a orientação racionalista e revolucionária que, de Spinoza a Marx, Trótski e Weil, combate a Reação. Em seu opúsculo *Portées du mot "juif"* (Alcances da Palavra "Judeu") publicado em 2005, ele denomina a criação da Palestina de "Estado multirracial, multinacional, igualmente multiconfessional."[22] Quanto às câmaras de gás nazistas, ele explica que elas não poderiam justificar a criação de um Estado "judeu" na Palestina:

> É ainda menos racional pretender encontrar nas câmaras de gás nazistas algo que possa conferir ao Estado colonial de Israel, estabelecido no Oriente Médio (e não na Baviera...), um estatuto derrogatório àquele que há décadas é conferido a todos os Estados coloniais, e que equivale a simplesmente enunciar que eles representam uma forma, ao mesmo tempo particularmente detestável e estritamente obsoleta da opressão de povos desfavorecidos.[23]

■ ■ ■

22 A. Badiou, *Circonstances, 3: Portées du mot "juif"*, Paris: Lignes, 2005, p. 97.

23 Ibidem, p. 13.

Em vez de perpetuar um *imperium* dos hebreus na Palestina, seria melhor, de fato, fazer prevalecer sempre, por toda parte, para todos, um mesmo "princípio de equidade", o de uma modernidade racionalista, laica e revolucionária, sendo que somente ele pode garantir que nenhuma minoria confessional, social ou étnica jamais seja oprimida. Onde situar a divisão entre as forças de Reação e aquelas da Revolução? Seria distinguindo "O Estado colonial de Israel" de um lado, os Estados não coloniais de outro? Ou seria distinguindo, de um lado, o capitalismo vitorioso, de outro, o "socialismo vitorioso"? De acordo com as adversidades existenciais de muitas minorias étnicas e religiosas na Europa ou no Oriente Médio, e na expectativa de que o socialismo seja vitorioso, entendemos o anseio expresso pelo militante sionista em 1946: "que exista um lugar no mundo onde os judeus não sejam uma minoria". Que seja então "na Baviera...", sugere ironicamente Badiou. O argumento de uma terra prometida por algum deus nacional não seria, por excelência, a superestrutura teológico-política de uma infraestrutura colonial? A sugestão do filósofo a respeito da Baviera, no entanto, diz mais do que parece: se não existe em lugar nenhum uma terra judaica ou prometida aos judeus, também não existe uma terra cristã ou muçulmana, alemã, francesa, brasileira ou turca que não tenha sido, antes de se tornar cristã ou muçulmana, alemã, francesa, brasileira ou turca, conquistada em detrimento dos indígenas que lá viviam. Ninguém é mais, desde a expansão dos primeiros *Homo sapiens* vindos da África, o primeiro ocupante. Não há, portanto, outra solução: é necessário que sempre, por toda parte, por todos, seja garantida a liberdade de filosofar e que a autoridade política não distinga nenhum culto, nenhuma etnia, seja na Baviera, na Palestina ou em outro lugar. Não é uma tarefa fácil de ser realizada, mas é o que exige a aplicação do único "princípio de equidade" que possa valer universalmente, com base no qual os homens e mulheres resolverão a questão. É essa, notadamente, a perspectiva de Badiou, a qual ele resume, para Milner, em poucas palavras no Post-scriptum de seu *Controvérsia*: "um Estado moderno, ou seja, um Estado cuja subestrutura não é identitária, mas histórica"[24]. Mais adiante, ele faz menção a um "Estado multirracial, multinacional e igualmente multiconfessional".

Milner responde a ele: "Quem pode imaginar que uma ilhota de exceção possa sobreviver em uma zona composta de Estados cuja subestrutura é identitária, onde o histórico e o identitário entram em constante intersecção?"[25] Não podemos, a partir desse momento, deixar de assinalar a Milner que é precisamente aqui que o brilho da universalidade judaica poderia se fazer reconhecer: *em um espaço discursivo onde vale o axioma identitário, o nome* judeu *diz não ao axioma*. Badiou, portanto, tem razão em opor à *relapolitik* de Milner, o socialismo vitorioso: "Nenhuma identidade é universal, somente aquilo que supera qualquer identidade na direção de uma multiplicidade genérica."[26]

■ ■ ■

24 A. Badiou; J.-A. Milner, *Controverse*, p. 184.

25 Ibidem, p. 193.

26 Ibidem, p. 185.

No entanto, não se tem certeza de que ele tenha razão de ironizar a respeito de "o Estado colonial de Israel, estabelecido no Oriente Médio (e não na Baviera...)". A troça corre, de fato, o risco de retornar para ele, conhecendo o argumento sionista: se os judeus não foram, ontem, menos estrangeiros na Baviera do que são hoje na Palestina, a diferença está, no entanto, em que na Baviera eles foram submetidos e depois aniquilados; na Palestina, não...

Trótski, em 1934, apela a uma "compreensão mútua" entre árabes e judeus, na falta de uma "revolução proletária"; Weil denuncia, em 1943, um judaísmo imperial e racial, e ela recomenda que não seja ensinado nas escolas; Arendt esforça-se, na esteira de Ha'am, Buber e Magnes, para conceber, em 1950, as modalidades históricas e políticas de um "acordo judeu-árabe"; enfim, Badiou, em 2005, milita pela criação de um "Estado multirracial, multinacional e igualmente multiconfessional." A convergência de perspectiva é patente, desde Spinoza até Badiou, passando por Trótski, Weil e Arendt, ao menos no que se refere, em linhas gerais, ao "princípio de equidade". Mas, investigando para além de um princípio compartilhado, divergências aparecem, inicialmente retóricas, possivelmente consistentes mais tarde. Assim, Spinoza e Weil estariam ligados entre si, como sugere Milner quando decifra uma passagem singular do *Tratado Teológico-Político* de Spinoza? Ou, pelo contrário, eles constituiriam dois polos antagônicos, justamente em razão de sua divisão a respeito do nome judeu, como, de minha parte, eu sugeriria? Milner tem indubitavelmente razão em um ponto: convém investigar o meandro das palavras, as anfractuosidades secretas dos textos[27].

■ ■ ■

Procuremos analisar o que o antissionismo europeu poderia dever ao antijudaísmo de Weil escrito em 1943: "[Os hebreus] exterminaram ou reduziram à servidão todos os povos da Palestina." O argumento, ficcional em 1943, seria ele confirmado, inicialmente após 1948 e a expulsão de centenas de milhares de palestinos, e mais tarde, após 1967 e a ocupação da totalidade da Palestina mandatária? Desde que, ao término de uma sequência histórica marcada pela descolonização, da Indonésia à Argélia, o colonialismo tornou-se uma forma de opressão "estritamente obsoleta", e que, aparentemente, resta apenas "o Estado colonial de Israel", vestígio de uma época passada, a situação parece estabelecida: Israel é um remanescente anacrônico; um "Estado colonial" em um mundo onde essa forma de opressão passou a ser, a partir de então, considerada não apenas "detestável" mas "obsoleta", sempre, por toda parte, por todos. O antijudaísmo teológico de Orígenes e aquele ficcional de Weil coincidem no presente idealmente com o antissionismo racional de Badiou. Mas seria ele completamente racional ou descobriremos, escondido sob a mesa, um resto de teologia, tal como um velho anão corcunda?

■ ■ ■

27 Em seu *Moïse fragile*, Jean-Christophe Attias explica querer "surpreender [Moisés] na sombra, distanciado, no meandro das palavras, nas anfractuosidades do texto" (Paris: Alma, 2015, p. 14).

O filósofo declara, em 2005, a obsolescência do único "Estado colonial de Israel" e, por "colonial", ele não entende como uma política de ocupação iniciada em 1967, mas sim como um estado instituído em 1947 e, mais ainda, o próprio projeto sionista, provavelmente desde 1917, se não desde 1881. A respeito do caráter colonial do sionismo, Arendt, por sua vez, escreve em 1950:

> A edificação de um lar nacional judeu não era uma empreitada colonial onde os europeus teriam vindo explorar as riquezas estrangeiras com a ajuda da mão de obra autóctone e em detrimento desta. A Palestina era e permanece um país pobre e, sendo suas riquezas apenas o produto do trabalho dos judeus, elas provavelmente desaparecerão caso os judeus sejam expulsos do país. A exploração ou o roubo, característicos da "acumulação primitiva" em todas as empreitadas imperialistas, não existiram ou apenas desempenharam um papel insignificante. Os capitais americanos e europeus que inundavam o país não chegavam a título de dividendos de um capital detido por acionistas ausentes, mas como dinheiro da "caridade" que os destinatários podiam gastar como bem entendessem. Era utilizado para comprar e nacionalizar a terra, financiar a instalação de explorações coletivas, subscrever empréstimos a longo prazo para as cooperativas dos fazendeiros e operários, financiar serviços sociais e sanitários, uma educação livre e igualitária e, mais genericamente, a criação de uma economia de forte conotação socialista. Graças a esses esforços, o país

> transformou-se em trinta anos de maneira tão radical quanto se tivesse sido transplantado em um outro continente, e isso sem conquista nem tentativa de exterminar as populações autóctones.[28]

Badiou e Arendt divergiam, portanto, a respeito do processo de criação do Estado de Israel: para o primeiro, é um fato colonial; para a segunda, não é. E, seguindo Arendt, a posição de Badiou levantaria principalmente dois problemas: primeiramente, para que o Estado de Israel tenha abraçado, desde o processo de sua criação, a forma do colonialismo europeu, seria necessário que fosse análogo a ele. Porém, o sionismo se distingue dos colonialismos ingleses, franceses, alemães, holandeses, espanhóis, portugueses etc., pelo fato de não dispor de metrópole. Não dispondo de metrópole, o caráter "estritamente obsoleto" do "Estado colonial de Israel" não é da mesma ordem que o de um outro Estado colonial. Consideremos o caso da Argélia francesa ou das índias britânicas: a perda das colônias não aniquilava a autoridade política francesa ou inglesa como ela aniquilaria o "Estado colonial de Israel" se ele tivesse que ser considerado "obsoleto". Dito de outra forma, declarar-se partidário do FLN[29] em 1960, porque se é anticolonialista, tem, por análogo, o fato de se declarar partidário de uma retirada

■ ■ ■

28 H. Arendt, *Auschwitz et Jérusalem*, p. 183.

29 Front de Libération National (Frente de Libertação Nacional) é um partido nacionalista argelino fundado em 1954 como uma fusão de pequenos partidos com o objetivo de obter independência da Argélia frente à França. (N. da T.)

israelense dos territórios ocupados em 1967, pela mesma razão. Em contrapartida, se o Estado de Israel como tal é que é um fato colonial, e não apenas a sua política de ocupação dos territórios de Gaza e da Cisjordânia, a analogia se encontra manca, pois, em vez dos quatro termos necessários à analogia, restam apenas três: a França, a Argélia e a Palestina. Uma reflexão de Francis Jeanson permite analisar a diferença entre uma analogia de quatro termos e outra de três termos: "Digamos que precisaríamos ao mesmo tempo 'trair' os franceses aliando-nos aos argelinos e 'trair' os argelinos permanecendo determinadamente franceses. Essa dupla 'traição' é nossa fidelidade: à causa francesa e à causa humana, que, justamente, deveriam ser uma única e mesma causa."[30]

O segundo problema que a identificação do sionismo ao colonialismo europeu apresenta é a forma singular assumida pelo colonialismo judeu na Palestina, e é o que assinala Arendt: "A edificação de um lar nacional judeu não era uma empreitada colonial onde os europeus teriam vindo explorar as riquezas estrangeiras com a ajuda da mão de obra autóctone e em detrimento desta." O sionismo, ao se desenvolver a partir de um exílio e não uma metrópole, e sem explorar riqueza natural, nem tampouco mão de obra indígena, não é um colonialismo convencional. Seguindo

■ ■ ■

30 Francis Jeanson, *Notre guerre*, Paris: Minuit, 1960, p. 40. A respeito da analogia entre a Argélia francesa e a Palestina no texto do filósofo, ver, de minha autoria, Discussion argumentée avec Alain Badiou, *Lundimatin*, 1 fev. 2016. Disponível em: <https://lundi.am/Discussion-argumentee-avec-Alain-Badiou>.

os passos de Arendt, ao final do século XX, Edward W. Said conclui:

> Israel não é nem a África do Sul, nem a Argélia, nem o Vietnã. E, que isso nos agrade ou não, os judeus não são colonialistas convencionais. Sim, eles sofreram o Holocausto, sim, muitos deles são vítimas do antissemitismo. Não, esses fatos não lhes dão o direito de exercer ou seguir uma política de expropriação em relação a um povo que não tem nenhuma responsabilidade pela história de suas desgraças.[31]

Existe, portanto, uma corrente de pensamento, desde Arendt até Said, que contesta que o sionismo seja um colonialismo convencional; enquanto outra corrente de pensamento, desde Weil até Deleuze e Badiou, sustenta que é um colonialismo convencional. E estas duas correntes bebem da mesma fonte: Spinoza, Marx, Trótski. Tratemos de retornar à fonte, filosofia racional de um lado, política revolucionária do outro, e tirar dela uma água clara.

■ ■ ■

O que Badiou responderia ao argumento de Arendt contestando que o sionismo foi "uma empreitada colonial"? Provavelmente ele diria que, além do colonialismo de exploração, existiu um colonialismo de

■ ■ ■

31 Edward W. Said, Israël-Palestine, une troisième voie, *Le Monde diplomatique*, ago. 1998, apud Alain Gresh, *De quoi la Palestine est-elle le nom?* Paris: Les Liens qui libèrent, 2010, p. 124.

povoamento, como na América e na Austrália. O problema é que a analogia se revelaria mais uma vez manca, por um lado porque o colonialismo europeu procedia de uma metrópole (antes que os colonos cortem o cordão umbilical), por outro, porque o sionismo não provocou, nem tentou provocar o aniquilamento das populações indígenas, ao contrário do que ocorreu no Brasil, na América do Norte ou na Austrália, dando sequência a doenças contagiosas introduzidas pelos colonos; a assassinatos em massa e, por vezes, metódicos; a práticas escravagistas e a políticas de todo tipo. Badiou considera o pequeno Estado de Israel "estritamente obsoleto" e não o Estado do Brasil, os Estados Unidos ou Austrália, porque, nesses Estados, o problema colonial está controlado há muito tempo, em razão do quase desaparecimento dos indígenas. E, de fato, onde os indígenas subsistem, as políticas coloniais se perpetuam. É o que prova a legislação brasileira de 1970 sobre o "Estatuto do Índio" da Amazônia, minoria protegida, mas sob condição de que sua presença não apresente obstáculos aos interesses superiores do Estado, como o estipula (implicitamente) o artigo 35 do capítulo 1 de uma terceira parte intitulada "Territórios e Perímetros Ocupados":

> Excepcionalmente, por motivos de segurança nacional, de saúde pública para eliminar graves endemias, ou outros problemas em relação ao desenvolvimento nacional e que não ofereçam alternativas, a União poderá intervir para desocupar o território habitado por indígenas podendo deslocá-los a partir do momento em

> que a decisão for tomada por decreto do Presidente da República após terem sido ouvidos os órgãos competentes. A intervenção ou a desocupação total ou parcial, temporária ou permanente, poderá ser decretada: [...] – para promover o desenvolvimento da região tendo em vista os interesses superiores da nação.[32]

Paul Crime, autor de um estudo sobre "O novo estatuto do indígena no Brasil", comenta o texto de lei: "Em outros termos, a espoliação, o roubo de terras e a negação ao direito de habitar um território tornaram-se, por esse estatuto, perfeitamente legítimos, e prerrogativas exclusivas do Presidente. O que era prática escandalosa e desumana de interesses privados capitalistas tornou-se lei – o indígena, a partir do momento em que se decidir que ele pode ser um obstáculo ao desenvolvimento, será deportado."[33] Portanto, se o filósofo prontamente descreve o Estado de Israel como criação colonial, e considera, com a mesma disposição, sua existência obsoleta, mas não a do Brasil ou dos Estados Unidos, isso ocorre porque, para ele, os indígenas não são iguais ou, o que é mais provável, porque os indígenas da Amazônia e da América do Norte não passam de um punhado de sobreviventes, enquanto os indígenas da Palestina continuaram a aumentar em número desde a chegada dos primeiros sionistas. O problema fica resolvido de um lado, mas

■ ■ ■

32 O texto de lei está reproduzido em Robert Jaulin (dir.), *De l'ethnocide: Recueil de textes*, Paris: U.G.E., 1972, p. 58.

33 Ibidem, p. 49.

não de outro. Quanto aos indígenas de Chiapas, ignoramos se Badiou considera que o Estado mexicano, estabelecido nas terras dos maias e não na Espanha, é também um "Estado colonial". O subcomandante Marcos, a esse respeito, observa:

> Para a Coroa espanhola do século XVI, assim como para o neoliberalismo do início do século XXI, a única cultura é a dominante; como é hoje para o capitalismo selvagem, para o poder espanhol as terras indígenas representavam apenas, então, uma abundante fonte de mão de obra. Sob o jugo espanhol, quase 90% da população indígena de Oaxaca desapareceu, condenada como gado a trabalhos forçados nas minas. Mas sua dor se perpetuou sob a terra e nas cavernas, tornou-se rebelião, rebelião que alimenta hoje a cor da terra. Mas o que vale para os povos indígenas de Oaxaca vale também para outras populações indígenas do México: sua riqueza cultural foi e é menosprezada por aqueles que encarnam poder e dominação (ora a destruindo diretamente, ora a ignorando, às vezes, ainda, pelo racismo e sistematicamente pelo repúdio a qualquer diferença). [...] Foi e é sempre o poderoso, qualquer que seja a raça à qual pertence, que reafirma sua dominação destruindo a identidade dos dominados.[34]

Podemos ver isso claramente agora: se Badiou sugere que o Estado de Israel é o vestígio singular de um colonialismo europeu que se tornou "estritamente obsoleto"

---

34 Sous-commandant insurgé Marcos, *Mexique: Calendrier de la résistance*, Paris: Rue des Cascades, 2007, p. 18-19.

em todos os outros lugares, não é pelo fato de que os descendentes dos colonos teriam se apropriado de uma terra estreita e empobrecida, mas sim porque os indígenas continuam a viver ali, numerosos, e se políticas coloniais perpetuam-se na América Central e do Sul, do México ao Brasil, elas não exercem um apelo semelhante. O poeta palestino Mahmoud Darwish tinha sobre essa questão uma clara e temível consciência:

> Sabem por que somos célebres, nós, os palestinos? Porque vocês são nossos inimigos. O interesse pela questão palestina decorreu do interesse pela questão judaica [...]. Se estivéssemos em guerra com o Paquistão, ninguém teria ouvido falar de mim [...]. Vocês nos deram o fracasso, a fraqueza e notoriedade.[35]

À luz da história colonial do continente americano, e à sombra da palavra do poeta palestino, apresentar o Estado de Israel como o *último* estado colonial não é manifestação, no entanto, de um radicalismo revolucionário muito articulado. A dominação dos judeus israelenses sobre os árabes palestinos, na perspectiva de outras formas hoje observadas de "opressão dos povos desfavorecidos", não pode de fato ser apreendida em termos de obsolescência de uma forma arcaica de dominação imperial e racial, a menos que não se saiba nada do que se passa no mundo, ou permaneça determinado por um preconceito teológico bastante grosseiro, e tão comum.

35 M. Darwish, *La Palestine comme métaphore*, Arles: Actes Sud, 1997, apud Marc Saint-Upéry, *Mouvement*, avr.-mai 2002.

A intensidade da repressão é outro elemento que milita pouco a favor do paradigma colonial europeu. A política dos colonos europeus em relação aos povos colonizados ocorria com muito menos escrúpulos, como revela – além dos massacres de Setif (Argélia) em 1945, provocando aproximadamente 40 mil mortos segundo certas estimativas – a repressão feroz da insurreição malgaxe em 1947, aqui relatada por Henri Grimal:

> Os nacionalistas enfurecidos tanto pelas manobras políticas do ministério quanto pelo comportamento das autoridades locais passaram à ofensiva. Na noite de 29 a 30 de março de 1947, atacaram o campo de Moramanga para tomar a armas, massacraram alguns colonos da região e operaram sabotagens na via férrea de Fianarantsoa. Foi o início de uma revolta geral. A resposta foi imediata e de brutalidade cega. As tropas "senegalesas" aos quais se juntaram os civis europeus e a polícia cometeram, durante vários dias, execuções sumárias, mesmo nos vilarejos onde nada tinha acontecido. As tropas do general Garbay intervieram em seguida e praticaram, durante vários meses, varreduras sistemáticas. Diante de uma comissão da Assembleia da União Francesa, esse oficial, em 1948, estimava em 89 mil o número de vítimas da repressão. Ele não contabilizava as da repressão legal, numerosas, precipitadas, e, como admite o próprio advogado-geral, "nem sempre justificadas e excedendo a requisição do ministério público"[36].

36 Henri Grimal, *La Décolonisation: De 1919 à nos jours*, Paris: Armand Colin, 1965, reed. Complexe, 1985, p. 287-288.

No livro de Grimal publicado em 1965 e dedicado à *Descolonização de 1919 aos Nossos Dias*, em contrapartida, não se trata de Israel, mas apenas do mandato britânico (mencionado até 1939). Parece que, depois de 1967, o Estado de Israel passa a integrar permanentemente o paradigma colonial europeu.

■ ■ ■

Se a análise de Arendt não coincide com a de Badiou quanto à natureza intrinsecamente colonial do sionismo, ambos os filósofos, no entanto, encontram-se em um ponto crucial, aquele que Trótski assinalava quando evocava o risco de uma "migração de importantes massas humanas". Arendt, de fato, escreve mais adiante, no mesmo artigo:

> Não é em termos de perdas militares, de perdas econômicas, de destruições ocasionadas pela guerra ou vitórias militares que podemos estimar da maneira mais realista qual o preço a ser pago pelos povos do Oriente Médio pelos acontecimentos do ano passado [1948], mas sim em termos de mudanças políticas, em que o mais marcante foi a criação de uma nova categoria de apátridas, de refugiados árabes. Esses refugiados árabes não formam somente um perigoso potencial de irredentistas dispersos em todos os países árabes dos quais poderiam facilmente se tornar o traço de união visível. Pior. Não importam as circunstâncias de seu êxodo (ou seja, saber se foi a consequência de uma propaganda árabe ou de atrocidades reais, até

> mesmo uma mistura dos dois): o fato de que fugiram da Palestina, fuga essa preparada pelos projetos sionistas de transferência de populações em larga escala durante a guerra, e a recusa dos israelenses a reintegrar, em seguida, os refugiados em seu antigo lar, revelam que as antigas disputas dos árabes contra o sionismo tem fundamento: o objetivo dos judeus era expulsar os árabes de sua casa. O que tinha sido o orgulho do Lar judeu, o fato de não ter a exploração como fundamento, revelou-se uma calamidade na ocasião da última prova: se tivessem vivido em uma economia comum, a fuga dos árabes não teria sido possível e não teria sido bem acolhida pelos judeus. A opinião dos árabes reacionários do Oriente Médio e seus protetores britânicos de que "os judeus eram perigosos não porque exploravam os felás, mas porque não os exploravam" (C. Weizmann) revelou-se finalmente correta.[37]

Na história do colonialismo europeu, seria conveniente, como vimos, distinguir principalmente duas formas: um colonialismo de povoamento e um colonialismo de exploração. O colonialismo de povoamento visa estabelecer em uma terra-continente colonos europeus destinados, inicialmente, a dominar os indígenas, depois, substituí-los; o colonialismo de exploração tem por objetivo igualmente dominar os indígenas, mas com a diferença de que não há nenhuma necessidade de recorrer ao povoamento, uma vez que a exploração de recursos minerais, vegetais, animais e humanos da

37 H. Arendt, *Auschwitz et Jérusalem*, p. 194-195.

colônia não requer a imigração em massa de colonos, mas somente o controle militar e político de um território que permanece habitado principalmente pelos indígenas. Desses dois polos do colonialismo europeu, a realidade histórica apaga todas as nuances. Mas, *grosso modo*, temos o seguinte quadro: por um lado, houve a colonização da América e da Austrália, onde a imigração em massa de colonos – indiretamente e, por vezes, de forma mais direta – aniquilou as populações indígenas; por outro lado, houve a colonização da África e da Ásia, que eram, principalmente, o terreno de exploração mineral, vegetal, animal e humana, sem que tivesse sido necessário povoar os territórios com colonos. Assim, no Brasil, na América do Norte e na Austrália, os colonos tomam o lugar dos indígenas; na África e na Ásia, eles os exploram. O ponto comum a essas duas formas de colonização europeia, sua matriz, é, portanto, o imperialismo em termos amplos, envolvendo apropriações violentas de bens naturais e escravização dos indígenas, quando esses não são de forma inadvertida e, por vezes, metodicamente, eliminados.

Nos continentes americano e australiano, a lógica colonial assume a forma de um povoamento, pois a imensidão das terras deve ser desbravada e, consequentemente, povoada, de tal modo que o encontro entre colonos europeus e indígenas iria, em grande parte do continente, condenar os segundos a uma morte brutal, por vezes em apenas algumas dezenas de anos, sendo que estes teriam habitado os lugares durante séculos, e alguns, durante milênios. A exploração dos imensos recursos que esses novos continentes contêm pressupõe levar homens para lá. Na África e na Ásia, em contrapartida, uma mão de obra está disponível no próprio lugar, primeiramente, por uma razão demográfica, ou seja, o número de indígenas; depois, por uma razão etnológica, isto é, o encontro com os europeus não provoca o aniquilamento dos indígenas, sendo sua capacidade de resistência suficientemente aguerrida. A comparação entre a colonização da América e a da África revela-se, aqui, particularmente instrutiva: enquanto os europeus povoam a América, na África eles drenam, inicialmente, a força de trabalho necessária para o povoamento da América, e depois exploram no próprio lugar as riquezas naturais e as forças de trabalho, não sem eliminar qualquer forma de resistência e atrair todas as formas de colaboração. Seja a exploração acompanhada de povoamento ou não, a lógica colonial europeia, da Austrália à América, passando por Indonésia, Índia, Congo, África do Sul ou Oriente Médio, é, portanto, esta: uma expansão imperialista que se esforça em acumular riquezas do planeta e explorar a sua mão de obra. Onde situar o sionismo na história do colonialismo europeu desde 1492 até, digamos, 1962? Julien Salingue responde:

> O projeto sionista de estabelecimento de um "Estado dos judeus" na Palestina é, na verdade, um projeto de colonialismo "clássico", uma vez que ele não tem como objetivo a exploração de um povo e de seus recursos, mas, o controle da terra e a substituição da população indígena por uma população de imigrantes. Assim foi o caso da colonização da América do Norte

> ou da Austrália, durante as quais os povos autóctones foram deslocados e/ou massacrados sem que se consolidasse um sistema de exploração: "O colonialismo de povoamento tem duas características principais. Em primeiro lugar, é governado por uma lógica de eliminação. Os colonos chegam para ficar. Sua missão primeira não é explorar os autóctones, mas, substituí-los. Em segundo lugar, a invasão não é eventual, mas estrutural. Para além da violência fundadora da expropriação territorial, os autóctones que sobreviveram são submetidos a uma variedade de estratégias por meio das quais a sociedade colonial procura eliminá-los.[38]

Salingue, ao distinguir um colonialismo de exploração e um colonialismo de povoamento, inclui o sionismo na segunda categoria, explicando que, longe de ser uma singularidade, é uma forma bem conhecida desde a Austrália até os Estados Unidos; "Assim foi o caso da colonização da América do Norte ou da Austrália, durante as quais os povos autóctones foram deslocados e/ou massacrados sem que se consolidasse um sistema de exploração." É um julgamento profundamente enraizado nas consciências, e que encontramos particularmente no pensamento de Deleuze, que ele próprio sustenta a partir de intelectuais palestinos[39].

■ ■ ■

38 Julien Salingue, *La Palestine des ONG: Entre résistance et collaboration*, Paris: La Fabrique, 2015, p. 43-44. Salingue assinala em nota a seguinte referência no que se refere à citação que ele relata: "Patrick Wolfe, New Jews for Old: Eliminationist Zionism and the People of Palestine, intervenção inaugural do colóquio *Past is Present: Settler Colonialism in Palestine*, SOAS, Londres, 5-6 mar. 2011 (notas pessoais do autor)."

39 Ver G. Deleuze, Les Indiens de Palestine [1982], *Deux régimes de fous*.

Identificar sionismo com o colonialismo "clássico" de povoamento supõe, portanto, ignorar uma diferença substancial, que é justamente relativa ao povoamento: na América do Norte e na Austrália, os indígenas desapareceram à medida que os colonos povoavam o território, enquanto ocorre o contrário na Palestina, onde o número aumentou conforme o povoamento dos colonos se intensificava. Dessa primeira distração de Salingue à consistência material das coisas, segue-se outra, pois avaliar que a colonização do continente americano se deu "sem que se consolidasse um sistema de exploração" é uma curiosa maneira de considerar a estrutura material e ideológica de um colonialismo que se desenvolveu por meio do "tráfico" das populações negras, deslocadas aos milhares da África para a América de maneira a explorar, ali, uma força de trabalho. Consideremos alguns números:

> Aqui, é necessário lembrar a importância do etnocídio cometido durante três séculos sobre a população negra deportada para a América. Entre 1810 e 1820, existia, em toda a América, em torno de 6 milhões de negros, enquanto, desde o século XVI, foram transportados 15 milhões de homens; é preciso observar que foi ao longo do século das Luzes que a metade (7 milhões) foi transportada.[40]

Assim que identificou o sionismo com a "colonização da América do Norte ou da Austrália", Salingue, para

40 Charles Minguet, L'Esclavage et la pensée "liberale" à Cuba dans la première moitié du XIXe siècle, em R. Jaulin (dir.), *De l'ethnocide*, p. 313.

fundamentar sua análise, cita o antropólogo Patrick Wolfe, cuja afirmação é extraída de uma intervenção intitulada: "New Jews for Old: Eliminationist Zionism and the People of Palestine." Wolfe, aparentemente, pega emprestado do historiador Daniel Golhagen o termo "eliminacionista", que ele utiliza para qualificar o antissemitismo nazista. O sionismo seria, na sua opinião, tão "eliminacionista" quanto o nazismo, mas, desta vez, em relação "ao povo da Palestina". O fato de as comunidades judaicas da Europa Central e Leste terem sido dizimadas, quando o número de indígenas na Palestina continuou a crescer, parece ter importância secundária. Mas se não concordarmos com isso, o processo de colonização sionista difere substancialmente não apenas do nazismo, como também do colonialismo "clássico" de povoamento. De fato, é evidente: a "lógica da eliminação" em ação não poderia ser comparável uma vez que ela elimina as populações indígenas em um caso e não as elimina em outro – além das divergências relativas ao sistema de exploração: o escravagismo em um caso, "trabalho judeu" em outro. Levando em conta seu desconhecimento, ilustremos esta diferença – segundo alguns, acidental; a nosso ver, substancial. No volume que Jared Diamond dedicou ao colapso das sociedades, é abordada a questão da colonização do continente americano:

> Quando Cristóvão Colombo chegou a Hispaniola ao longo de sua primeira viagem transatlântica no ano de 1492, a ilha já tinha sido povoada por indígenas americanos havia cinco mil anos, aproximadamente. Naquela

> época, Colombo encontrou um grupo de aproximadamente meio milhão de indígenas aruaques (as estimativas vão de 100 mil a 2 milhões). Denominados taínos, viviam da agricultura e eram organizados em cinco chefias. Infelizmente para eles, os taínos possuíam ouro, que os espanhóis cobiçavam e não queriam, eles mesmos, ir buscar. Os conquistadores, então, dividiram a ilha e sua população indígena entre si, em seguida, submeteram-na à escravidão, transmitiram-lhe doenças de origem europeia e a assassinaram. Em 1519, 27 anos após a chegada de Colombo, os taínos não passavam de aproximadamente onze mil, e a maior parte morreu de varíola naquele ano, reduzindo a população a três mil habitantes; os sobreviventes, pouco a pouco, foram morrendo ou se assimilaram nas décadas seguintes. Isso obrigou os espanhóis a procurar mão de obra servil em outro lugar. Por volta de 1520, eles descobriram que a Hispaniola era ideal para a cultura do açúcar. Começaram, então, a importar escravos da África.[41]

Uma vez admitido que o povoamento europeu da América e o povoamento judeu da Palestina se diferenciam substancialmente, a questão sobre saber a qual forma de colonialismo pertence o sionismo permanece colocada, tanto mais que o sionismo, de fato, desde 1948 abrigou uma lógica de expropriação, de expulsão e de dominação das populações indígenas. Sobre esse tema, a sequência do texto de Salingue é ponderada: "Se a

41 J. Diamond, *Effondrement: Comment les societés décident de leur disparition ou de leur survie* [2005], trad. A. Botz; J.-L Fidel, Paris: Gallimard, 2006, p. 539-540.

expulsão de 1947-1949 – ao final da qual em torno de 800 mil palestinos foram arrancados de sua terra – é o momento fundador do desenraizamento, a política de colonização da Cisjordânia e da faixa de Gaza após a ocupação de 1967 marca uma nova etapa na expropriação dos palestinos."[42] De que forma de colonialismo se trata? Eu sustentaria com Arendt que o sionismo não deriva precisamente de um colonialismo "clássico", não sendo identificável nem ao colonialismo de povoamento (como na América e na Austrália), nem tampouco ao colonialismo de exploração (como na África ou na Ásia). O sionismo provém de uma outra matriz, heterogênea ao colonialismo europeu dito "clássico", pois, se ele é mesmo um colonialismo de povoamento, não o é, porém, pela riqueza material do território, tampouco é a exploração da força de trabalho indígena que move o sionismo, mas um imperativo nacional: *é necessário que exista um lugar no mundo onde os judeus não sejam minoria*. Como sua força motriz é nacional, e não imperialista, o sionismo deve ser diferenciado do colonialismo europeu, mais do que ser confundido com ele.

Alguns se contrapõem a essa afirmação – nesse caso, Céline Lebrun, coordenadora, ao lado de Julien Salingue, de uma obra coletiva sobre o Estado de Israel – argumentando que "o sionismo é uma ideologia nacionalista *e* colonialista, rompendo assim a dicotomia geralmente estabelecida entre essas duas características pela historiografia clássica, que tenta contrapor às análises do sionismo em termos de colonialismo o

■ ■ ■

42 J. Salingue, op. cit., p. 44.

fato de que esse último era, antes de mais nada, um movimento nacional"[43]. Dando sequência à sua ideia, a autora explica mais adiante que, sendo finalidade do sionismo a substituição da população indígena da Palestina, sua execução implica "colocar *em ação uma eliminação física real e total*":

> Porém, lembrando que o sionismo, ideologia exclusivista e supremacista, tinha como objetivo o estabelecimento de uma entidade política judaica soberana, entendemos que essa lógica da eliminação "simbólica" pela separação poderia ser somente temporária, enquanto se coloca em ação uma eliminação física real e total. Aliás, esse é o objetivo almejado por trás de certas práticas implantadas pelos sionistas na Palestina mandatária no encontro com a população árabe: da utilização das greves dos trabalhadores palestinos para substituí-los, às interdições, destruições ou, ainda, ataques contra a agricultura palestina visando à "conquista do trabalho" (*kibusch ha-avodá*) e ao triunfo do "trabalho judeu" (*avodá ivrit*) à compra de terras de grandes proprietários abstencionistas com o intuito de expulsar os camponeses árabes e liberar a terra.[44]

Lebrun conclui que, longe de o sionismo se distinguir do colonialismo de povoamento da América, é justamente por não diferir dele que ele se distingue do Apartheid

■ ■ ■

43 C. Lebrun; Julien Salingue (dir.), *Israël, un État d'apartheid? Enjeux juridiquês et politiques*, Paris: L'Harmattan, 2013, p. 122.

44 Ibidem, p. 124.

sul-africano: "O colonialismo branco na África do Sul era desprovido da noção de eliminação inerente ao colonialismo de povoamento sionista."[45] Seguindo a bússola da autora, o sionismo oscilaria, portanto, entre estes dois polos: o colonialismo dos conquistadores e o nacionalismo dos nazistas. O fato de os indígenas da Palestina continuarem a aumentar em número desde a chegada dos colonos judeus, e de nem o ouro, o açúcar, a escravidão ou as câmaras de gás fazerem parte dessa história, seria, portanto, indiferente à categorização histórica e política do sionismo? Eis o que parece impossível admitir. Sobre uma terra estreita e empobrecida, entre 1917 e hoje, evidentemente está em jogo algo além de uma singular vicissitude do colonialismo "clássico", senão "nazista". Iremos nos ater, à guisa de bússola, ao feliz enunciado de Jules Isaac: "Em semelhante caso, não se trata de a história se ajustar à teologia, mas, pelo contrário, de a teologia ajustar-se à história."[46]

■ ■ ■

Alain Badiou, com quem tive a oportunidade de me corresponder sobre esse tema, gosta de lembrar que a América foi considerada pelos colonos europeus como sua "terra prometida", e que a Bíblia, Deus e Providência foram abundantemente convocados, *exatamente como no caso do sionismo*. Assim como Gilles Deleuze ou Julien Salingue, ele parece concluir que há

■ ■ ■

45 Ibidem, p. 132.

46 J. Isaac, *L'Enseignement du mépris*, Paris: Grasset, 2004.

uma identidade de essência ou de estrutura. Porém, uma correspondência ideológica não atesta, necessariamente, uma identidade material. Em suma, a Bíblia dos colonos americanos não é a dos colonos judeus. Mas como o filósofo aprecia as lições que se apresentam, vamos tentar ser materialistas. Em uma passagem de seu opúsculo *O Imperialismo: Estágio Superior do Capitalismo* (1916), Vladimir Lênin escreve:

> Suponhamos que um japonês condene a anexação das Filipinas pelos americanos. Bem, muitos poderão acreditar que ele faz isso pelo horror às anexações em geral, e não pelo desejo de anexar, ele mesmo, as Filipinas. Não deveríamos reconhecer que somente podemos considerar como sincera e politicamente leal a "luta" do japonês contra as anexações, no caso em que ele se voltasse contra a anexação da Coreia pelo Japão e reivindicasse por ela a liberdade de separação do Japão?[47]

O argumento de Lênin em relação a esse "japonês" fictício aplica-se igualmente aos Estados árabes que, desde 1947, declaram condenar as anexações territoriais do Estado de Israel. Em 1969, o historiador Maxime Rodinson assinala: "Os nacionalistas árabes que protestam veementemente (na minha opinião, de forma legítima) contra a usurpação inglesa, francesa ou sionista dos territórios árabes em detrimento de

---

47 V. Lénine, *L'Impérialisme: Stade suprême du capitalisme*, Paris: Éditions Sociales, 1952, p. 109.

populações árabes ficam muito envergonhados com as usurpações árabes dos direitos de outros povos, como os curdos e os negros do Sudão do Sul."[48] Dito isso, podemos igualmente considerar que a anexação sionista da Palestina é análoga à anexação americana das Filipinas? Afirmamos anteriormente: para que a relação de Israel com a Palestina seja análoga à dos Estados Unidos com as Filipinas, ou do Japão com a Coreia, ou da França com a Argélia etc., seria também necessário considerar que o Estado de Israel, mais do que um fato intrinsecamente colonial, é um Estado que *conduz uma política colonial* na Cisjordânia e em Gaza. Mas isso não é tudo: a analogia seria também bastante arriscada por outra razão, desta vez, não formal, mas material, ou seja, que as anexações às quais Lênin se refere inscrevem-se em uma lógica imperialista que vê se enfrentarem as grandes potências econômicas e militares mundiais (Inglaterra, Estados Unidos, França, Alemanha) ou regionais (no caso, o Japão), enquanto a anexação sionista da Palestina deriva de outra matriz, não imperialista, mas nacional.

Prova disso: as anexações imperialistas têm certos traços distintivos, materiais ou ideológicos, quer se trate do Japão em relação à Coreia ou dos Estados Unidos em relação às Filipinas, que não encontramos no caso do sionismo. Em uma nota, as Éditions Sociales resumem, em linhas gerais, a história da "anexação das Filipinas pelos americanos":

48 M. Rodinson, Sur les visions árabes du conflit israélo-arabe, *Peuple juif ou problème juif?*, p. 329.

A anexação das Filipinas (das ilhas britânicas do Pacífico) foi operada pelos Estados Unidos por meio das Forças Armadas. Posteriormente à guerra hispano-americana em 1898, as Filipinas deveriam, em virtude do tratado com a Espanha, passar para os Estados Unidos. Mas a própria vitória destes últimos sobre a Espanha nas ilhas Filipinas ocorreu, em grande medida, graças à cooperação do exército filipino com cerca de trinta mil homens, liderado pelo revolucionário Aguinaldo, ao qual os Estados Unidos haviam se aliado fraudulentamente. No final da guerra com a Espanha, tendo os espanhóis evacuado as Filipinas, Aguinaldo, respondendo ao comunicado do governo dos Estados Unidos que declarava se encarregar da gestão das Filipinas, proclamou as ilhas Republicanas independentes. Os Estados Unidos enviaram um exército de 140 mil homens. A luta dos filipinos durou aproximadamente dois anos. Finalmente, foram derrotados e seu líder Aguinaldo, capturado. Em seguida, acertam-se as contas com os revolucionários (execuções, condenados à prisão por dezenas de anos). A luta das Filipinas por sua independência, contra os Estados Unidos, custou, segundo a estimativa dos próprios americanos, 600 mil homens. Segundo o então presidente dos Estados Unidos, Mac Kinley, foi por esses meios que a vontade de Deus foi cumprida: "As Filipinas, assim como Cuba e Porto Rico foram-nos confiados pela Providência. O país poderia se furtar da realização de uma tarefa como essa?" Esta "tarefa" diante da "Providência" era definida por Mac Kinley nestes termos: "As Filipinas são nossas para sempre. Imediatamente atrás das Filipinas, encontram-se os mercados ilimitados da China. Não desistiremos nem de um, nem do outro."[49]

Os traços distintivos do imperialismo são amplamente identificáveis: potências mundiais (Estados Unidos e Espanha) disputam um território geograficamente distante da metrópole, cujo valor é, aos seus olhos, econômico (abertura para "os mercados ilimitados da China"); elas se apropriam dele em detrimento de populações indígenas, com entusiasmo inconsciente massacradas (600 mil mortos filipinos, enquanto o exército filipino arregimentado por Aguinaldo contava 30 mil homens); enfim, eles maquiam sua cobiça despudorada com argumentos de benfeitor ("Deus", a "Providência", etc.). Lênin, em um prefácio de 1920 da tradução de seu opúsculo, resume a questão em algumas palavras:

> O capitalismo transformou-se em um sistema universal de opressão colonial e de estrangulamento financeiro da imensa maioria da população do globo por um punhado de países "avançados". E a divisão desse "saque" se dá entre dois ou três larápios universalmente poderosos, armados até os dentes (América,

■ ■ ■

49 V. Lenine, op. cit., nota 2, p. 109. A respeito da Coreia, a nota seguinte explica: "Durante anos, a China e o Japão travaram uma luta árdua pela Coreia. Nos anos 90 do século passado, o Japão e a Rússia envolvem-se na luta pela exploração da Coreia. Após a guerra russo-japonesa (1904-1905), a Coreia é anexada pelo Japão, que assume o controle das finanças, correios, telégrafos e telefones, e as relações com o exterior. Enfim, o Japão, amparado por esse protetorado, apropriou-se definitivamente da Coreia e fez dela sua base militar para uma política expansionista contra a China" (Ibidem, p. 109-110).

> Inglaterra, Japão), que arrastam toda a terra para *sua* guerra pela divisão de *seu* saque.[50]

(No final da Primeira Guerra Mundial, Lênin já distingue as premissas da seguinte, a única falha de sua profecia referiu-se ao nazismo e os judeus. Considerando que se empenhava para vencer o antissemitismo na Rússia, não nos caberia criticá-lo.) A expansão europeia tem por objetivo, explica Lênin, apoderar-se de um "espólio". Mas, no caso do sionismo, o "espólio" é uma terra estreita e empobrecida: a Palestina. Como Arendt observa, pouco sensível às fabulações de Weil, o sionismo não é um produto do imperialismo. No entanto, o drama – prossegue Arendt – é que essa singularidade do sionismo conduziria, precisamente, à expulsão dos árabes da Palestina em 1948. Se fosse o caso de um colonialismo de exploração, a expulsão não teria acontecido. Será que esse fato permite, então, concluir que se trata de um colonialismo "clássico"?

No caso do colonialismo europeu, dito "clássico", modo dominante de expansão imperialista por um tempo, ou os indígenas desaparecem, como no Brasil, na América do Norte ou na Austrália, ou não desaparecem, como no México, na África e na Ásia. É dessa forma que distinguimos, em regra geral, um colonialismo "clássico" de povoamento de um colonialismo "clássico" de exploração: em função da curva demográfica das populações indígenas. Existiriam, contudo exceções à regra, como na Palestina e na Argélia, onde se encontravam

---

50 Ibidem, p. 10. Grifos do original.

coordenados um colonialismo de povoamento e uma curva ascendente da demografia indígena. Poderíamos, assim, identificar estes dois colonialismos, judeu e francês, e relacioná-los a uma mesma estrutura? Examinemos o caso da Argélia. A colonização do Magreb pela França, em 1830, é decorrência de uma expansão imperialista, aquela que conduz à divisão da África pelas potências europeias ao final do século XIX. Em 1954, o milhão de colonos europeus na Argélia, diante de mais de oito milhões de indígenas, torna a situação colonial mais análoga à da Rodésia (160 mil colonos europeus para 1 milhão e 700 mil indígenas), do que à da Palestina. Os sionistas têm por objetivo modificar a relação demográfica entre colonos e indígenas, a fim de assentar uma maioria de judeus em uma parte da Palestina, sendo que essa não foi a intenção nem dos ingleses na Rodésia, nem dos franceses na Argélia. Não dispondo de metrópole, o colonialismo sionista depende de uma outra lógica: não imperialista, mas nacional.

Colocam-nos a objeção de que o sionismo é um nacionalismo *e* um colonialismo, sendo, ao final das contas, um colonialismo "clássico" de povoamento. Isso é ser cego para a diferença de matriz. Se o colonialismo europeu, forma histórica de uma expansão imperialista, divide-se efetivamente em um colonialismo de exploração e um outro de povoamento, no entanto, não é em seu princípio que se divide assim, mas dependendo das adversidades da vida indígena: se ela sobrevive ou não aos germes trazidos da Europa e à exploração dos recursos naturais e humanos do território conquistado. Citemos o trabalho de um historiador:

O título do meu trabalho de historiador associa genocídio e etnocídio em uma fase inicial. O fenômeno de fundo, sobre o qual se destacará todo o resto, é o imenso genocídio inconsciente que a colonização da América inaugurou, processo esse que ainda não acabou, e que se repetiu em outros continentes. Quero falar das enormes destruições de populações devidas aos germes patógenos que os europeus traziam às populações para as quais esses germes, na falta de imunidade adquirida, eram mortais. A medicina pós-pasteuriana impulsiona a preocupação desses contágios, até as preocupações cômicas que vemos sendo tomadas quando os astronautas retornam da Lua à Terra. Mas do século XV ao XIX, os invasores vindos do mundo europeu contaminaram populações do mundo americano, sem terem consciência disso, apenas por sua presença como portadores de germes: seja pela agressão lenta e contínua de doenças que se tornaram endêmicas, seja pelas devastações de gigantescas epidemias. Somos tentados a associar esse genocídio como resultado do contato maciço entre etnias portadoras de hereditariedades biológicas diferentes ao genocídio, mais ambíguo, resultante do trabalho forçado ao qual os invasores submeteram os invadidos sem se preocupar com os limites de sua resistência física, limites que os conquistadores ignorantes imputavam facilmente à preguiça. [...] A maioria dos conquistadores trata os indígenas como gado cuja resistência é fraca ou como um utensílio que se estraga rapidamente. [...] A indiferença com a qual os conquistadores do ouro usaram e abusaram do trabalho do indígena justifica que sejam acusados de genocídio

> por inconsciência como fizeram implícita ou explicitamente os primeiros defensores dos indígenas americanos.[51]

Esses são os traços distintivos do colonialismo "clássico", seja ele de povoamento ou de exploração: conquista do ouro e exploração despudorada da força de trabalho. Tomemos o caso da Rodésia britânica na África central: "Esses territórios tinham características particulares. A Rodésia do Sul, primeira aberta à ocupação europeia, tinha, há muito tempo, por suas riquezas minerais e suas possibilidades agrícolas, atraído os colonos europeus: eles eram 157 mil contra 1 milhão e 720 mil africanos em 1952."[52] Um território rico em recursos minerais e agrícolas em um caso, um território estreito e desprovido em outro, essa é a diferença entre a Rodésia e a Palestina. Mas, nesse ponto, nada distingue, em contrapartida, a África e a América, dois continentes ricos em recursos minerais e em possibilidades agrícolas. Como chegamos, então, a distinguir um colonialismo de exploração na África de um outro, de povoamento, na América? Retornando à matriz do colonialismo "clássico", os fatos são os seguintes: os indígenas africanos formam uma sólida mão de obra, que nunca deixou de ser explorada, sem, no entanto, ser aniquilada; esse também foi o caso na América enquanto a população indígena teve a força física e mental de sobreviver à

■ ■ ■

51 Marcel Bataillon, Genocide et ethnocide initial, em R. Jaulin (dir.), *De l'ethnocide*, p. 293-294.

52 H. Grimal, op. cit., p. 248.

exploração. Diamond deixa a entender esse fato, logo na sequência do texto citado acima:

> No entanto, o interesse dos espanhóis afastou-se de Hispaniola após a descoberta de sociedades indígenas mais povoadas e ricas no continente americano, particularmente no México, Peru e Bolívia: mão de obra indígena mais numerosa para explorar, sociedades politicamente mais avançadas para controlar e ricas minas de prata na Bolívia. A Espanha, a partir de então, despende poucos recursos em Hispaniola, principalmente pelo fato de que comprar e transportar escravizados da África era dispendioso, enquanto podia dispor de indígenas americanos tendo como único custo sua conquista.[53]

No âmago do colonialismo "clássico", a diferença entre colonialismo de povoamento e colonialismo de exploração é, assim, finalmente, bastante secundária, já que ela depende principalmente das adversidades da vida indígena, conforme os indígenas sejam mais ou menos numerosos, e sua resistência física, social e mental seja menor ou maior. Não se trata, portanto, de uma orientação ideológica pré-determinada, como, em contrapartida, é o caso do sionismo: *que exista um lugar no mundo onde os judeus não sejam minoria*. Por consequência, é errôneo identificar o colonialismo europeu, seja na Argélia ou em outro lugar, com o povoamento judeu na Palestina. A questão da legitimidade ou ile-

53 J. Diamond, *Effondrement*.

gitimidade política, da pertinência ou impertinência histórica da empreitada sionista não deixa de estar presente aos olhos de um revolucionário, mas em termos mais precisos do que aqueles do filósofo contemporâneo, singularmente *oficial* a esse respeito.

■ ■ ■

Tendo esclarecido a singularidade da colonização judaica da Palestina em relação à colonização europeia da América, da Austrália, da Ásia ou da África, resta-nos examinar o caso particular da África do Sul: não é uma situação colonial que, durante muito tempo, foi análoga àquela que prevalece na Palestina? Em *Partage de l'Afrique* (Partilha da África), Henri Wesseling escreve:

> A África do Sul – além da Argélia – é a única parte do continente que conheceu um afluxo maciço de colonos brancos e colônias de povoamento brancas. É preciso dizer que era a região da África mais apropriada para acolher brancos. É a esse fato que o país deve sua história singular, muito diferente daquela da África do norte, da África oriental e da África ocidental. Mas a África do Sul nunca se tornará o segundo Canadá ou a nova Austrália que Rhodes e outros apóstolos do Império Britânico haviam sonhado. Ela nunca se tornou um "Novo Mundo". Na América, Austrália e Nova Zelândia, a população autóctone foi praticamente exterminada como consequência da colonização branca. Essas regiões vastas tornaram-se assim sociedades brancas,

> novas Europas além-mar. Na África do Sul, não se passou assim. Os brancos permaneceram uma pequena minoria em um ambiente negro. É o que explica a situação particular na qual esse país ainda se encontra até hoje.[54]

A Argélia e a África do Sul foram as duas únicas colonizações de povoamento europeu no continente africano. Os colonos franceses da Argélia não romperam com a metrópole, voltaram para o lugar de onde vieram: a França. Os afrikaners, após terem cortado o cordão umbilical com a Europa, permaneceram onde estavam: na África do Sul. E, nesse caso particular, os indígenas não desapareceram, apesar da presença prolongada dos colonos europeus, ao contrário do que ocorreu na Austrália, no Canadá ou no Brasil. De fato, as populações negras da África não apenas continuaram a povoar o continente, de leste a oeste e de norte a sul, mas elas também povoaram a América, sendo durante muito tempo vendidas como escravas. Apesar da escravização de milhões dentre eles – sabendo que "os historiadores supõem que houve, no mínimo, uma morte por escravizado" – e, apesar de uma colonização que assume, às vezes, formatos genocidas, os indígenas da África não desapareceram. Catherine Coquery-Vidrovitch, em um belo livro sobre a África, conclui: "O resultado a longo prazo é implacável: a hipótese geralmente aceita é a de que o continente africano é o único no mundo onde a população não aumentou ao

54 H. Wesseling, *Le Partage de l'Afrique* [1991], trad. P. Grilli, Paris: Denöel, 1996, p. 626-627.

longo do período que se estende do início do século XVI ao final do século XIX."[55] Os indígenas da África não desapareceram, mas não aumentaram em número durante três séculos, ao contrário do que ocorreu, no mesmo período, em todos os outros continentes. No entanto, podemos relativizar a exatidão da questão: a população dos continentes americano e australiano, de fato, aumentou durante esses três séculos, mas não da mesma maneira para todos os povos desses continentes, pois houve também indígenas da América e da Austrália que, "do início do século XVI ao final do fim do século XIX", foram amplamente dizimados.

Mas os indígenas da África resistiram de forma efetiva. Seria pelo fato de que os colonos europeus não eram suficientemente numerosos para se estabelecerem na África, ou seria porque os indígenas na África eram mais numerosos e resistentes do que os da América? Pelas duas razões, talvez. Seja como for, na África do Sul, os fatos são estes: "Os brancos permaneceram uma pequena minoria em um ambiente negro", como nos primeiros tempos da conquista das Américas, onde um punhado de colonos espanhóis estava rodeado de milhares de indígenas, que logo, no entanto, seriam dizimados pela guerra, pela varíola e pela escravidão. Parece-nos, portanto, que podemos conceber, de forma análoga, estes dois colonialismos particulares, o judeu na Palestina, o europeu na África do Sul: pequena minoria judaica em um ambiente árabe, por um lado,

55 Catherine Coquery-Vidrovitch, *Petite histoire de l'Afrique*, Paris: La Découverte, 2011, p. 129.

pequena minoria europeia em um ambiente africano, por outro lado. E justamente, prosseguindo sua consideração, o filósofo evoca a África do Sul:

> A questão do destino desses estados [*coloniais*], certamente, é muito complexa, resultando historicamente em toda uma gama de soluções. Os colonos franceses deixaram a Argélia em massa, onde suas famílias viviam, por vezes, há mais de um século, enquanto os colonos europeus da África do Sul, apesar das práticas racistas terríveis do Apartheid, colaboram atualmente com a nova África do Sul fundada por Nelson Mandela. Não sei qual o futuro do Estado de Israel, situação bem mais recente do que as outras duas.[56]

Os colonos franceses deixaram a Argélia em massa, para a França. E uma vez que a possibilidade é aberta, no leque das soluções historicamente efetivas, desde a África do Sul até a Argélia, apresenta-se a questão: para onde iriam os colonos judeus se tivessem que deixar, em massa, a Palestina? Badiou, imediatamente, volta-se para a África do Sul e conclui: "Não sei qual o futuro do Estado de Israel, situação bem mais recente do que as outras duas." O filósofo não é profeta. Sabemos a resposta de uma forte corrente do antissionismo: "Os judeus ao mar." Dito de outra forma, que os sionistas retornem para o lugar de onde vieram, para a Baviera, se for necessário, e que floresça na Palestina um Estado árabe em uma terra árabe.

■ ■ ■

56 A. Badiou, *Circonstances, 3. Portées du mot "juif"*, p. 14.

Não é a corrente do antissionismo na qual o filósofo reconhece de bom grado o princípio de equidade que o guia, mas, de maneira geral, um Estado árabe no modelo da Argélia independente não seria preferível ao "Estado colonial de Israel", sabendo que "[os Estados coloniais] representam uma forma, ao mesmo tempo particularmente detestável e estritamente obsoleta, da opressão dos povos desfavorecidos?" O filósofo é escrupuloso, baseia-se na "gama de soluções", historicamente efetivas. Com o risco de que a história dê razão aos maometanos reacionários e aos antissemitas incitadores de *pogroms*? Melhor seria, de fato, que os judeus da Palestina se entendessem com os indígenas, a exemplo dos colonos da África do Sul, sem o que poderia lhes ser prometido o destino dos colonos da Argélia, a metrópole, ao menos... Confiando na aptidão dos judeus para se estabelecer na Baviera, ou então em qualquer plataforma marítima, a solução argelina é aquilo que os dirigentes do partido dos indígenas da República previam, notadamente no artigo intitulado "Ivan Segré: quando um Camus israelense critica Houria Bouteldja", em que opõem uma recusa absoluta à minha "oferta de paz": "contra a miragem de sua 'oferta de paz', que é a continuidade da violência [colonial], a história nos ensina que o que foi feito pode ser desfeito. A Argélia é um símbolo disso"[57]. Badiou escolhe apoiar-se escrupulo-

57 Malik Tahar-Chaouch; Youssef Boussoumah, Ivan Segré: quand un Camus israélien critique Houria Bouteldja, *Parti des Indigènes de la République*, 9 mai 2016. Disponível em: <http://indigenes-republique.fr/ivan-segre-quand-un-camus-israelien-critique-houria-bouteldja/>.

samente na "gama de soluções", mas não sem indicar, mais adiante, sua preferência: um "Estado multirracial, multinacional e igualmente multiconfessional". Alain Gresh, em um livro intitulado *De quoi la Palestine est-elle le nom?* (O que Queremos Dizer com Palestina?), é menos escrupuloso que o filósofo, ao não se impedir de amputar o futuro de certas possibilidades: "Quem pode desejar, aliás, simultaneamente nos planos moral e político, que se repare a injustiça feita aos palestinos por uma outra injustiça da qual seria vítima, amanhã, a população judaica israelense?"[58]

■ ■ ■

Seria o processo de povoamento colonial da Palestina comparável ao da África do Sul, como alguns afirmam? Ou, ao contrário, como outros afirmam, "o colonialismo branco na África do Sul era desprovido da noção de eliminação inerente ao colonialismo de povoamento sionista"? Retomando a história da colonização europeia da África do Sul, Wesseling observa que "duas datas são particularmente importantes; 1652, o ano em que os brancos se estabeleceram na Cidade do Cabo, e 1886, o ano das descobertas de ouro em Witwatersrand"[59]. A colonização da África do Sul é um elo de uma expansão imperialista universalizada, que começou por um lado em 1492 e, por outro, em 1652. A diferença entre a criação da África do Sul e a criação de Israel é, portanto,

■ ■ ■

58 A. Gresh, op. cit., p. 168.

59 H. Wesselin, op. cit., p. 500.

o ouro: presente em um caso, ausente no outro. Sempre retornamos a este fato: em um caso a razão determinante é imperialista ("descobertas de ouro"), no outro, é nacional (*um lugar onde os judeus não sejam minoria*). As criações e, depois, os desenvolvimentos fulgurantes de Joanesburgo e Tel-Aviv são, nesse sentido, significativas. A respeito de Joanesburgo, Wesseling ressalta seu extraordinário desenvolvimento: "Nenhuma cidade no mundo conheceu, então, um desenvolvimento tão rápido."[60] Fundada em 1886, o ano das descobertas de ouro, ela tinha, dez anos mais tarde, 100 mil habitantes, compostos tanto por "brancos" como "negros". A rapidez do desenvolvimento de Tel-Aviv é comparável em termos de criação *ex nihilo*: fundada em 1909, tinha 150 mil habitantes em 1936, sobretudo judeus[61]. Porém, o impulso não é idêntico nos dois casos. Joanesburgo, povoada por habitantes "brancos" e "negros", foi construída a partir do ouro que tinha sido descoberto ali: "No espaço de alguns anos, [Transvaal] era responsável por 20% da produção aurífera mundial"[62] – enquanto Tel-Aviv ergueu-se em um solo que não abrigava nada, a não ser a esperança de *um lugar no mundo onde os judeus não sejam uma minoria*. Dito de outra forma, Joanesburgo foi construída sobre a apropriação do ouro e exploração da força de trabalho; Tel-Aviv foi erguida sobre uma duna de areia e uma aspiração nacional.

60 Ibidem, p. 543.

61 Ver Yaacov Shavit, *Tel Aviv: Naissance d'une ville (1909-1936)*, Paris: Albin Michel, 2004, p. 9.

62 H. Wesseling, op. cit., p. 544.

A essa primeira diferença, material, acrescenta-se uma segunda, dessa vez relativa ao direito formal: o Estado da África do Sul era um regime de Apartheid fundado, em 1948, sobre uma desigualdade racial instituída; quanto ao Estado sionista, foi fundado sobre uma declaração de princípio proclamada em 14 de maio de 1948 por Ben-Gurion ("Texto da Proclamação de Independência do Estado de Israel"):

> O Estado de Israel será aberto à imigração dos judeus de todos os países onde estão dispersos; ele desenvolverá o país em benefício de todos os seus habitantes; será fundado sobre os princípios de liberdade, justiça e paz ensinados pelos profetas de Israel; assegurará uma completa igualdade de direitos sociais e políticos a todos os seus cidadãos, sem distinção de crença, raça ou sexo; garantirá a plena liberdade de pensamento, culto, educação e cultura; assegurará a salvaguarda e inviolabilidade dos lugares santos e os santuários de todas as religiões e respeitará os princípios da Carta das Nações Unidas.[63]

Nem a África do Sul, nem a Argélia francesa, nem as Índias britânicas, nem o Congo belga, nem o Brasil, nem o Kuait etc., nem os Estados Unidos da América foram construídos sobre essa declaração de princípio: "uma completa igualdade de direitos sociais e políticos a todos os seus cidadãos, sem distinção de crença, raça ou sexo". Pode-se dar pouco valor a uma declaração de

▪▪▪

63 Édition Points, 2010, p. 29 (bilingue).

princípio. Por outro lado, não podemos detectar nela nada mais, certamente, mas também nada menos que a declaração de um princípio. A partir de então, consideraremos que esse princípio não deixa de trazer o testemunho da história material e ideológica do sionismo de 1881 a 1948, e também, de revelar sua vocação. O sionismo era, sem dúvida, heterogêneo, como lembra o historiador Dominique Bourel: "Paradoxalmente, encontramos de tudo no sionismo, desde aqueles que queriam simplesmente inscrever uma realidade judaica em uma confederação do Oriente Médio até aqueles que acreditam que a totalidade da Palestina lhes pertence, por meio de uma aspiração por um Estado binacional."[64] Mas o sionismo que sai vitorioso em 1948 é, portanto, o da "Proclamação de Independência" anunciada por Ben-Gurion, a qual inscreve, preto no branco, o princípio destinado a governar essa terra estreita e empobrecida.

■ ■ ■

No entanto, além das declaraçoes de princípio, existem os fatos. Durante o ano de 1948, os soldados israelenses expulsam maciçamente os habitantes árabes da Palestina, depois os impedem de retornar para suas casas. Desde 1967, o Estado de Israel domina militarmente e politicamente a totalidade do território da Palestina mandatária, do Jordão ao mar, do Golã

64 Dominique Bourel, Préface, em Dominique Bourel; Delphine Bénichou (dir.), *Le Sionisme dans les textes*, Paris: CNRS, 2008, p. X.

ao Sinai, onde, portanto, não está assegurada "uma completa igualdade de direitos sociais e políticos a todos os seus cidadãos, sem distinção de crença, raça ou sexo", ou seja, *nem mesmo em princípio*. É assim que o Estado de Israel se tornou, *de facto*, um tipo de regime de Apartheid.

Foi a lógica nacionalista que conduziu a essa situação, prevalecendo sobre a lógica democrática e socialista[65]. De 1917 a 1947, o sionismo trabalha para povoar a Palestina com habitantes judeus; depois, em 1948, institui seu Estado e ganha a guerra. De 1948 a 1967, o jovem Estado "judeu", quase milagroso, constrói sua base militar e étnica, de maneira *que tenha um lugar no mundo onde os judeus sejam a maioria*, e que o lugar seja democrático e viável. Depois, saindo de uma guerra relâmpago em 1967, o Estado "judeu" acorda, um belo dia, em posse da totalidade da Palestina mandatária. A classe dirigente trabalhista fica boquiaberta: seria uma bênção, o súbito domínio territorial da integralidade da Palestina mandatária? Ou seria uma maldição, a repentina modificação da relação demográfica entre judeus e árabes, uma vez mensurada na escala de toda a Palestina e não apenas do Estado de Israel em suas fronteiras anteriores (derivadas do armistício de 1949)? A hesitação é decidida pela guerra de 1973: a ofensiva dos exércitos árabes contra Israel, detida, depois vencida, tornou dramaticamente sensível a necessidade de um domínio militar, defensivo, da

65 A esse respeito, ver Zeev Sternhell, *Aux origines d'Israel: Entre nationalisme et socialisme*, Paris: Fayard, 1996.

integralidade da Palestina mandatária, do Jordão ao mar, do Golã ao Sinai. É Ariel Sharon, herói da guerra de Yom kippur[66], que tem, sem dúvida, a visão mais clara e precisa dessa necessidade. É o artesão da colonização dos "territórios" a partir de 1977, o ano da ascensão do Likud[67] ao poder.

O partido trabalhista que governa o Estado desde 1948, ou seja, desde sempre, perde as eleições de 1977. Ainda inebriada com sua vitória em seis dias em 1967, a classe dirigente trabalhista não conseguiu detectar, em 1973, a ofensiva egípcia ao sul, e síria, ao norte. Ela é punida nas eleições, que levam ao poder a direita nacionalista. O aparelho de Estado pertencerá, a partir de então, a quem souber prever a próxima ofensiva árabe. E, a esse respeito, Ariel Sharon tem algumas ideias. Ministro da agricultura, ele tem em mente um plano de ordenamento territorial baseado em duas palavras: colonização defensiva. Ele desenvolve as colônias de povoamento judeu do outro lado da linha verde, na Cisjordânia, mas também em Gaza, no Golã e no Sinai. Cada colônia judaica é concebida como uma linha, simultaneamente, de defesa e de conquista, estabelecida e desenvolvida em função de motivos militares, por um lado, e hidráulicos, por outro. (O ouro da terra santa é sua água, rara ali.) A estratégia de Sharon, general que se tornou político, é coerente: trata-se de tornar impossível a criação de uma autoridade

■ ■ ■

66 Dia do Perdão, a data mais importante da religião judaica. É um dia dedicado ao jejum, à oração, o arrependimento e ao perdão. (N. da T.)

67 Partido político israelense de direita, criado em 1973. (N. da T.)

política árabe independente em toda a extensão do território da Palestina mandatária. A existência de tal autoridade implicaria, de fato, a curto, médio ou longo prazo, a presença de um exército estrangeiro a oeste do Jordão, e isso é inadmissível. Ao prever a próxima ofensiva árabe supondo garantir um mínimo de profundidade estratégica, tem-se a conclusão: retornar às fronteiras de 1948 comprometeria a viabilidade pacífica do Estado "judeu". Portanto, a ocupação é feita para durar. Os trabalhistas, retornando ao poder, adotam a ideia e aceleram o passo, mais por fraqueza do que por convicção. Seja com uns ou outros, a colonização dos territórios intensifica-se desde então, tanto que aproximadamente meio milhão de cidadãos israelenses vivem hoje além das fronteiras de 1967. Sharon enterrou em 1977 a "Declaração de Independência" de maio de 1948, pois a perenidade de um lugar no mundo onde os judeus não são dominados, mas dominantes, é, em última análise, o único princípio que vale. É uma lógica nacionalista que retorna ao seu núcleo duro, uma vez dissipada a ilusão igualitária da utopia sionista. Ariel Sharon, no fundo, é um discípulo de Carl Schmitt: somente uma decisão relativa à existência é soberana, e não o respeito de uma norma (seja ela socialista ou democrática). O Estado de Israel não garantirá uma completa igualdade de direitos sociais e políticos a todos os habitantes, nem tampouco seguirá os ideais do socialismo, mas ele persistirá em sua existência nacional soberana.

■ ■ ■

Raramente se menciona o fato de que os Boers holandeses da África do Sul eram inicialmente os primeiros ocupantes, mais do que invasores, ao menos na perspectiva dos Bantus que, mais tarde, deviam povoar os bantustões do Apartheid. Jared Diamond relata brevemente a origem desse paradoxo em seu estudo sobre a *L'Inégalité parmi les societés* (A Desigualdade Entre as Sociedades):

> O povo bantu do sul, os xosa, parou em Fish River, no lado sul da costa da África do Sul, a 800 km a leste do Cabo. Não que o próprio Cabo da Boa Esperança seja seco demais para a agricultura, pois tornou-se o celeiro da África do Sul moderna. O Cabo tem um clima mediterrâneo, chuvoso no inverno, o que não convém para as culturas bantus, as quais requerem chuvas estivais. Em 1652, ano em que os holandeses chegaram ao Cabo dotados de suas culturas de origem do Oriente Próximo, os xosa não tinham ainda se aventurado além de Fish River. Esse detalhe aparente da geografia vegetal é carregado de consequências políticas. Uma delas é que, após ter rapidamente massacrado, infectado ou expulsado os coissã do Cabo, os brancos sul-africanos puderam alegar, com razão, que teriam ocupado o Cabo antes dos bantus e, portanto, que teriam a posse desse território como direito de primeiros ocupantes. Mas, podemos não levar a sério essa alegação, pois os direitos anteriores dos coissã não impediram que os brancos os desempossassem.[68]

■ ■ ■

68 J. Diamond, *De L'Inégalité parmi les sociétés: Essai sur l'homme et l'environnement dans l'histoire* [1977], Paris: Gallimard, 2000, p. 599-600. (Col. Folio.)

Os colonos brancos, tendo expropriado, expulsado e massacrado os coissã, tornavam-se, aos olhos dos bantus, os primeiros ocupantes do Cabo. Esse fato, porém, não lhes dava o direito de fundar um regime político e social racista, baseado na desigualdade entre "brancos", autóctones, e "negros", colonos. Esse aparente paradoxo de colonos europeus que alegam terem sido os primeiros a chegar a uma terra africana permite situar o problema de forma clara: a questão é a do primeiro ocupante na história das sociedades humanas somente em relação à apropriação predatória de um bem natural, ou em relação ao mito da autoctonia. Em termos do racionalismo revolucionário, em contrapartida, a questão é sempre a do tipo de relação social que ajudamos a instituir, a praticar e a desenvolver, e não aquela da origem, da etnia, da crença ou do sexo. Contudo, as práticas sociais que os colonos introduziram na África do Sul eram homogêneas com as práticas escravagistas, imperialistas e por vezes genocidas que as potências europeias perpetuavam na África, na América, na Austrália, na Ásia, e ocasionalmente na Europa. Os colonos da África do Sul, assim como aqueles da América, abandonaram as práticas escravagistas, mas, tal como eles, durante muito tempo, mantiveram suas instituições racistas. Quer o Apartheid diga respeito aos negros na África, aos indígenas do território ou aos negros na América, nada muda em relação aos colonos: *é a estrutura desigual da relação que está em causa, e não a natureza indígena ou estrangeira em termos da relação*. Esse é, pelo menos, o beabá de uma análise progressista.

Renaud Camus, respeitável escritor francês, expressou em um livro o desejo de que "no território único da França de sempre" os muçulmanos se sintam "estrangeiros":

> Tenho muita dificuldade em imaginar que muçulmanos de origem [...] possam ser totalmente franceses (no sentido arcaico, mas talvez não totalmente ultrapassado); em todo caso, tão francês quanto um camponês da Gasconha cuja família vive na mesma cidade há sete ou oito séculos [...] recordo-me de que na minha infância, antes do fim da guerra da Argélia, eu era infantilmente favorável ao partido da integração, tal como essa palavra era entendida naquela época; e que sonhava com um grande Estado que se estenderia "de Dunkerque a Tamanrasset", como dizia De Gaulle: árabes, berberes e franceses da França, e franceses do norte da África, poderiam, então, nesse cenário impossível, pertencer a uma mesma nação. Mas no território único da França de sempre, temo que os muçulmanos sempre se sentirão um pouco estrangeiros, e serão sempre percebidos como tal. Não, não temo, eu desejo isso.

Nos afetamos com a leitura dessa passagem e outras de seu *Journal de France*. Seu livro foi censurado. Fizeram-no retirar seus ataques contra os muçulmanos e os judeus. Sendo em princípio contra a censura, gosto de citar os desvios do indígena francês, esses sábios transgressores da norma. Houria Bouteldja, porta-voz do partido dos Indígenas da República (PIR), demonstra a mesma arte de Renaud Camus, desejando, por exemplo, que o "enxerto sionista" não vingue em "terra árabe"[69]. Mesma arte, mesmo pensamento: em ambos os casos, a dicotomia entre indígenas e estrangeiros oblitera o princípio de equidade. Renaud Camus ignora que a legitimidade de um homem, sua pertinência substancial ao aqui e agora, depende exclusivamente de sua capacidade de praticar a justiça e a caridade[70], e não de sua origem, de sua crença e de sua etnia. Bouteldja, de forma semelhante, ignora que um "estandarte"[71] é revolucionário se sinalizar um pensamento estratégico a respeito do antagonismo de classe, e que um afeto étnico majoritário, ainda que indígena, não é um pensamento, a não ser de extrema-direita.

Importa ao escritor francês, homem da terra, homem de origem, que os muçulmanos se sintam estrangeiros sobre o território único da França de sempre, assim como importa à porta-voz do PIR que os judeus se sintam estrangeiros no território único da Palestina árabe

■ ■ ■

69 Em *Les Blancs, les Juifs et nous: Vers une politique d'amour revolutionnaire* (Paris: La Fabrique, 2016), ela escreve: "Vivemos um momento crucial de nossa história. No tabuleiro de xadrez internacional, Israel decepciona o império, o Irã se impõe como poder regional e o enxerto sionista nunca vingou no mundo árabe e nunca vingará, se Deus quiser." Aliás, ela evoca a "terra árabe" (p. 53): "Portanto, aí está, eles [os brancos] ofereceram Israel a vocês. E mataram dois coelhos com uma cajadada só: livrar-se de vocês como pretendentes à nação e como revolucionários históricos e fazer de vocês os mais fervorosos defensores do império em terra árabe."

70 Em seu prefácio ao *Tratado Teológico-Político,* Spinoza escreve: "A palavra revelada de Deus consiste não em alguns livros, mas em um conceito simples do espírito divino revelado aos mortais: obedecer a Deus com a alma pura, praticar a justiça e a caridade."

71 Na mesma obra, ela escreve, em nome de todos os "indígenas": "O antissionismo é nosso estandarte."

de sempre. Mas seu narcisismo infantil é uma fábula, sendo a razão material de seu desejo muito mais prosaica, ainda que eles ignorem; importa que a população francesa, cristã e branca, continua a imaginar-se valendo mais que o preço de um animal aos olhos da classe dominante. A estrangeiridade do muçulmano é um elemento coadjuvante, e a operação é rigorosamente análoga no caso do "enxerto sionista": importa que o antissionismo seja um "estandarte" universal, ou pelo menos aquele do mundo árabe, de forma que as populações se desviam das razões pelas quais o Oriente Médio é a região mais desigual do planeta[72]. Da mesma forma que o xenófobo só tem olhos para o estrangeiro, o antissionista os tem apenas para o "enxerto sionista" onde não há, porém, nem ouro branco, nem tampouco ouro negro.

Um discípulo de Spinoza, de Marx e de Trótski considera a questão de outro prisma. Segundo ele, o princípio de equidade em Israel-Palestina é o mesmo de sempre, em todo lugar: liberdade de filosofar, indiferença da política ao culto e à etnia, prática da justiça e da caridade, socialismo vitorioso. Em contrapartida, ele não considera ressaltar a diferença entre um elemento *estrangeiro* e um povoamento *indígena*,

72 Em um artigo publicado no jornal *Le Monde*, Thomas Picketty observa: "Se examinarmos a zona que vai do Egito ao Irã, passando pela Síria, o Iraque e a Península Arábica, em torno de trezentos milhões de habitantes, constatamos que as monarquias petroleiras agrupam entre 60% e 70% do PIB regional, para apenas 10% da população, o que faz da região a mais desigual do planeta." Thomas Picketty, Le Tout-sécuritaire ne suffira pas, *Le Monde*, 22-23 nov. 2015. Disponível em: <http://piketty.blog.lemonde.fr/2015/11/24/le-tout-securitaire-ne-suffira-pas-2/>.

o problema nunca é concebido nesses termos, mas sempre nestes outros termos: combater qualquer forma de relação desigual, e promover um desenvolvimento igualitário. Em termos de direito formal, mas situados historicamente, nos posicionaremos, portanto, a favor de um Estado comum israelo-palestinense, binacional e bilingue, sobre todo o território da Palestina mandatária, do Sinai ao Golã, do Jordão ao mar, de maneira que todos os habitantes tenham direitos iguais (sem distinção de raça, crença ou sexo) e que as lógicas políticas progressistas superem as lógicas reacionárias. Essa posição pode ser resumida em poucas palavras: "Israel-Palestina, um único país, um único Estado."

■ ■ ■

"Israel-Palestina, um único país, um único Estado" é a palavra de ordem de um coletivo militante criado em setembro de 2014, em Paris, por iniciativa de discípulos de Alain Badiou. Nossas posições parecem convergentes. No entanto, seria aconselhável nos certificarmos disso. Examinemos um de seus panfletos:

> Palestina-Israel, para entender essa situação, é necessário partir de sua realidade, ou seja, o processo contínuo de expropriação e eliminação dos Palestinos, empreendido há um século, culminando com a criação do Estado de Israel em 1948, cuja contrapartida é a expulsão e a partida aos milhares dos habitantes palestinos dos vilarejos e cidades (expulsos pelas forças

> armadas, fugindo pelas estradas, sendo, em seguida, sistematicamente impedidos de voltar): é o que chamaram de *Nakba*; após a guerra de 1967, a ocupação militar dos territórios da Cisjordânia e Gaza; em seguida, e hoje, com mais violência e vigor do que nunca, a instalação de colônias na Cisjordânia e em Jerusalém leste, e o cerceamento de Gaza, tornada uma imensa prisão a céu aberto e repetidamente bombardeada. Da parte do Estado de Israel e seus partidários, trata-se de um empreendimento de conquista e ocupação colonial conduzido com consequência e determinação, cujo saldo só pode ser a eliminação de palestinos e sua fuga, sempre mais longe de suas casas: é a isso que o atual governo de Israel apela, até mesmo abertamente, convocando a destruição pura e simples do povo palestino.[73]

Seu princípio é materialista: "para entender essa situação, é preciso partir de sua realidade". E eis aqui o resultado de sua pesquisa: "processo contínuo de expropriação e eliminação empreendido há um século". Escrevendo seu panfleto em 2016, "há um século" nos remete a 1917, dito de outra forma, à declaração de Balfour, que evoca "um lar nacional para o povo judeu". Analisando a curva demográfica das populações indígenas da Palestina de 1917 até os dias de hoje, poder-se-ia observar o vestígio material de um processo contínuo "de eliminação de palestinos"? Tendo por base os dados demográficos disponíveis, o argumento parece ser mais determinado por uma obsessão retórica: a analogia do

73 *Site* do coletivo Israël-Palestine, un seul pay, Tract n. 3.

sionismo com o nazismo. Portanto, trata-se inevitavelmente da "eliminação dos palestinos", até mesmo "a destruição pura e simples do povo palestino". Nesse mesmo sentido, encontramos os textos militantes do partido dos Indígenas da República. Dedicando um artigo ao meu caso, o de um "Albert [Camus] israelense", seus dirigentes explicam:

> Segré é sionista. Ele afirmou e repetiu isso. No entanto, ao contrário do que ele disse também, não é uma palavra que, a despeito de suas concretizações históricas, conteria um leque de possibilidades além das formas políticas que assumiu. O que quer que "desejemos" projetar ali e as distinções que pretendamos fazer, Israel é expressão de um projeto colonial em terra palestina, e esse fato envolve todas as tendências políticas ligadas a ele. O "retorno" foi conquistado, ato contínuo, desde 1881, de destruição organizada da Palestina e dos palestinos.[74]

O coletivo "Israel-Palestina" evocava "o processo contínuo de expropriação e eliminação dos palestinos, empreendido há um século". Os dirigentes do PIR radicalizam o panfleto: "ato contínuo, desde 1881, de destruição organizada da Palestina e dos palestinos". Seria conveniente, de fato, remontar à primeiríssima onda de imigração judaica na Palestina, alguns milhares, pois foi então, em 1881, na sequência de *pogroms* na Rússia, que o processo de implantação de um elemento estrangeiro é acionado na Palestina, e não a partir a declaração de

■ ■ ■

74 M. Tahar-Chaouch; Y. Boussoumah, op. cit.

Balfour que simplesmente oficializa a coisa em 1917[75]. O materialismo sendo excessivamente moderado no primeiro coletivo, é pego em falta pela radicalidade do segundo: mais em 1881 do que em 1917. Mas que se remonte o processo de eliminação do Palestinos à 1881, ou a 1917, em ambos os casos, seria confirmada a constatação de Weil desde 1943: "[os hebreus] exterminaram ou reduziram à servidão todas as populações da Palestina". Em relação à sua abordagem, dizendo-se crítica e materialista, navegamos em águas claras. E conhecemos o método: começar por investigar, em virtude de um adágio severo ("quem não investigou não tem direito à palavra"). O que é a Palestina em 1881, na ocasião da primeira onda de imigração judaica (ou primeira *aliá*)? Abramos um opúsculo de propaganda sionista intitulado *Por Que um Estado Judaico* (2010):

> O relato mais célebre do estado dos lugares da Palestina otomana no final do século XIX e na véspera da primeira *aliá* é o jornal de Mark Twain, testemunha ocular em 1867: "Nenhum único vilarejo [no vale Jezreel] – nada em trinta milhas nos dois sentidos. Dois ou três pequenos grupos de tendas de beduínos, mas nem uma única habitação permanente. Podemos viajar por dez milhas sem encontrar dez seres humanos [...] Jericó está em ruínas, inalterado desde o milagre de José há mais de três mil anos." [...] Na mesma época, dois viajantes ingleses, W. Bartlett e Thomas Allom, publicam um guia da "Síria e a Ásia menor" que será

75 Esse é também o argumento de Yasser Arafat em 1974, nas Nações Unidas; "a invasão judaica teve início em 1881".

> traduzido em francês e reproduzido em várias edições. Nele podemos ler: "A distância de Jaffa a Jerusalém é de aproximadamente 50 milhas... Foram dedicados dois dias inteiros para esse duro trajeto... Os lugares desolados que percorremos eram desprovidos de qualquer espécie de vegetação, áridos e desabitados." Arthur Penrhyn, o grande cartógrafo britânico, tirava conclusões semelhantes em 1881: "Na Judeia, não é exagero dizer que, por quilômetros e quilômetros, não havia nada que se assemelhasse a vida ou habitação." O cônsul americano em Jerusalém em 1880 relata que a região continuava a decair: "A população e a riqueza da Palestina não aumentaram durante os últimos quarenta anos." [...] No relatório da comissão real britânica de 1913, pode-se ler: "A região é pouco povoada e permaneceu economicamente estagnada até a chegada dos primeiros sionistas por volta do final dos anos 1880, que vieram reconstruir a terra judaica."[76]

A Palestina, em 1881, não era uma terra desprovida de população, mas sua dinâmica demográfica, econômica e social era, antes, moribunda, se considerarmos esses depoimentos. O opúsculo sionista argumenta, além disso, que com "a chegada dos primeiros sionistas" a dinâmica inverteu-se, e que, na esteira da colonização judaica, a população indígena passou a crescer em virtude de condições sanitárias melhores, mas também em razão de uma imigração árabe a partir

76 Philippe Juza-Rosinski; Deborah Wolkowicz; Louis Sage, *Pourquoi un État juif*, Paris: Les Editions de Passy, 2010, p. 65-66. (Coord. Charles Meyer.)

dos países vizinhos, tendo a Palestina se tornado uma região atraente com a chegada dos judeus:

> De fato, o presidente Franklin Delano Roosevelt concluía, em 1939: "A imigração árabe na Palestina desde 1921 excedeu amplamente a totalidade da imigração judaica durante todo esse período." Realmente, a população judaica aumenta em 470 mil almas entre a Primeira e a Segunda Guerra Mundial, enquanto a população não judaica crescia em 588 mil pessoas. Na verdade, a população árabe permanente aumentou em 120% entre 1922 e 1947. Esse rápido crescimento seria resultado de vários fatores. A imigração a partir dos estados vizinhos representava 37% da imigração total no que se tornaria o Estado de Israel. Era constituída de árabes que queriam aproveitar a melhora no nível de vida que os judeus tornaram possível. A população árabe aumentou também graças à melhoria nas condições de vida criadas pelos judeus, pois drenaram os pântanos geradores de malária e trouxeram à região um sistema de saneamento e serviços médicos aprimorados. Assim, por exemplo, a taxa de mortalidade infantil entre os muçulmanos caiu de 201 para cada mil crianças em 1925, para 94 para cada mil em 1945, e a esperança de vida subiu de 37 em 1926 para 49 em 1943.[77]

Portanto, não somente a Palestina teria sido quase despovoada antes da chegada dos sionistas, mas teria sido repovoada por indígenas *em consequência* da chegada

77 Ibidem, p. 60-70.

dos sionistas. Porém, o opúsculo *Pourquoi un État juif* não deduz que o objetivo do empreendimento sionista era o de repovoar a Palestina com árabes; no entanto, conclui o seguinte: "Em 1948, aproximadamente a metade dos árabes da Palestina eram imigrantes de primeira e segunda gerações, chegando ali não apesar do sionismo, mas pelo próprio desenvolvimento concebido em parte por ele."[78] Existem na história três níveis de discussão: um primeiro nível concerne ao estabelecimento dos fatos; um segundo diz respeito a sua interpretação; um terceiro refere-se aos princípios que orientam as interpretações e regulam as questões linguísticas. Sem acordo sobre o estabelecimento dos fatos, é impossível discutir sobre sua interpretação e, em seguida, os princípios. Com relação à colonização sionista da Palestina, de 1881 a 1947, em quem acreditar? Os antissionistas evocam um "processo contínuo de expropriação e de eliminação dos palestinos empreendida há mais de um século", ou ainda um "ato contínuo, desde 1881, de destruição sistemática da Palestina e dos palestinos". Os sionistas por sua vez, evocam uma Palestina abandonada, até que colonos judeus, vindos da Europa, construíram ali cidades e estradas, plantaram árvores, venceram a malária, desenvolveram a atividade econômica e social, tanto que "a população árabe permanente aumentou 120% entre 1922 e 1947". Recordemos a observação metodológica de Rousseau: "Se alguns viram algo ali, foi no livro dos cristãos. Um bom modo de se inteirar das razões de seus adversários!" Efetivamente, uma regra de ouro, essa: investigar

---

78 Ibidem, p. 82.

os fatos e as interpretações inscritas em ambos os textos. Em um opúsculo intitulado *La Palestine expliquée à tout le monde* (A Palestina Explicada para Todos), Elias Sanbar, antigo redator-chefe da *Revue d'études palestiniennes* (Revista de Estudos Palestinos), *afirma*:

> Nesse mesmo período [1897, o ano do congresso sionista da Basileia], dois projetos antagônicos estão, portanto, em obra na Palestina: um projeto de independência e de soberania palestinas no seio de uma nação árabe, e um projeto de criação de um lar nacional judeu na Palestina em uma terra já habitada pelo seu povo. Um reformista palestino, o xeique al-Taji al-Faruqi, autor, aliás, das palavras do futuro hino nacional palestino, escreveu em 1905 um artigo profético que publicaria em Trípoli, no Líbano. Em essência, afirmava: a finalidade do sionismo é de nos tornar estrangeiros na nossa casa.[79]

Mais adiante, ele observa: "Em 1922, o primeiro recenseamento estima uma população de 757.182 habitantes, entre os quais 78% são muçulmanos, 11% judeus e 9,6% são cristãos."[80] E o autor aponta o uso de categorias confessionais no recenseamento, com o objetivo de colocar juntos os indígenas judeus e os "imigrantes judeus". A mecânica sionista está em andamento, tanto material como ideologicamente. Em seguida, em 1947, vem o plano de partilha da ONU: "O Estado árabe

79 E. Sanbar, *La Palestine expliquée à tout le monde*, Paris: Seuil, 2013, p. 14.

80 Ibidem, p. 24.

devia compreender uma população de 725 mil palestinos e 10 mil judeus em 42,88% do país; o Estado judeu, uma população de 498 mil judeus e 407 mil palestinos; quanto à zona de Jerusalém estabelecida em 0,65% do território, devia acolher 105 mil palestinos e 100 mil judeus." O plano nunca foi aplicado, como se sabe. Mas os números são eloquentes: entre 1922 e 1947, a população judaica na Palestina passou de um pouco mais de 75 mil habitantes para aproximadamente 600 mil, multiplicando por 8 seu número, sendo o aumento em valor absoluto de mais de 500 mil habitantes. Portanto, é uma invasão estrangeira.

Por outro lado, além do argumento do número de colonos judeus, há também o argumento do número de indígenas: em 1922, muçulmanos e cristãos da Palestina representavam 89% de uma população total de 757 mil habitantes, ou seja, 681 mil habitantes; mais tarde, em 1947, os indígenas são em número de 725 mil + 407 mil + 105 mil = 1 milhão e 237 mil. A população árabe palestina, portanto, passou de 681 mil para 1 milhão e 237 mil em 25 anos, de 1922 a 1947, ou seja, ela praticamente dobrou no espaço de uma geração, aumentando em 556 mil almas. Fenômeno singular para uma colonização de povoamento: à medida que os colonos judeus afluem na Palestina, o número de indígenas aumenta, pelo menos até 1948, com a guerra e a *Nakba:* "Em uma população de 1,4 milhões às vésperas de 1948, 800 mil palestinos tornam-se refugiados, 151 mil permanecem em Israel em um Estado que não é mais o seu e 450 mil, os habitantes da Cisjordânia e de Gaza, não são deslocados, mas arrancados de sua pátria."[81] De acordo com esses últimos números, eram 681 mil os indígenas da Palestina em 1922; mais tarde, às vésperas de 1948, 1,4 milhões. Portanto, eles mais que dobraram em 25 anos de colonização judaica, a população indígena aumentou 719 mil almas em uma geração.

Os fatos, agora, estão bem estabelecidos: a população indígena da Palestina aumenta particularmente de 1922 a 1948, à medida que a implantação de elementos estrangeiros, no caso, judeus, se intensifica. Alexandre Defay, pesquisador em geopolítica, descreve o fenômeno nestes termos: "Uma Palestina cuja população aumentou enormemente, pois, às ondas de imigração judaica, correspondeu um crescimento natural da população árabe, dos mais intensos do mundo: desde então, ela compreende (números estimados em 1944) 1 milhão e 800 mil habitantes, dos quais, 500 mil judeus."[82] Os números são similares em ambas as obras, mas não as interpretações. De acordo com Defay, o particularíssimo crescimento natural da população palestina seria uma resposta familiar combativa à colonização judaica, mais do que um efeito benéfico desta. Outros ainda assinalam o aporte numérico de uma imigração árabe após a Palestina ter se tornado um polo de desenvolvimento econômico e social na região. Podemos, sem correr o risco de nos enganar, considerar complementares essas interpretações diversas de um mesmo fato material e

---

81 Ibidem, p. 29.

82 Alexandre Defay, *Geopolitique du Proche-Orient*, Paris: PUF, 2003, p. 70. (Col. Que sais-je.)

humano incontornável: entre 1922 e 1947, a Palestina vivencia "um crescimento natural da população árabe dentre os mais vigorosos do mundo". Isso não significa, no entanto, que a Palestina começa a existir com a imigração judaica. Os testemunhos de Mark Twain, dos autores ingleses de um guia turístico, Barlett e Allom, do cartógrafo Arthur Stanley ou da comissão real britânica, citados como um estado das coisas pelo opúsculo sionista, são interpretações da Palestina do fim do século XIX tanto quanto sua descrição. E Elias Sanbar, em *Figures du Palestinien* (Faces do Palestino), escreveu, a esse respeito, linhas mais decisivas que Mark Twain:

> Exploradores, escritores, homens de religião – não os comerciantes e os mercadores, que não viajam com as mesmas angústias redentoras – perceberão os palestinos sedentários apenas como nômades que pararam de vaguear, que precisam ser postos novamente em movimento, para os retirar da paisagem e libertar o lugar de sua presença.[83]

Mas os dados numéricos são transparentes, e os números relatados por Sanbar em *Figures du Palestinien*, novamente eloquentes[84]. Todos os dados numéricos

■ ■ ■

83 E. Sanbar, *Figures du Palestinien: Identité des origines, identité de devenir*, Paris: Gallimard, 2004, p. 73.

84 Ele escreve inicialmente: "Em dezembro de 1918, a população palestina se divide da seguinte forma, segundo as fontes britânicas: 512 mil muçulmanos, 61 mil cristãos e 66 mil judeus, dos quais 12 mil são imigrantes." Em seguida, ele evoca "uma população total de aproximadamente 1 milhão e 400 mil" palestinos em 1948. O povoamento indígena na Palestina, portanto, passou de 600 mil almas em 1918 a aproximadamente 1 milhão e 400 mil, trinta anos mais tarde". (Ibidem, p. 108 e 194).

desse período convergem: "um crescimento natural da população árabe, dos mais intensos do mundo". É um fato que parece ser dificilmente conciliável com a retórica dos militantes antissionistas. Mas é verdade que existem várias maneiras de conduzir uma pesquisa, e que eles parecem saber para onde a sua deve levá-los. Quanto a nós, sigamos o fio de nossa própria investigação: resta-nos comparar a curva demográfica dos indígenas da África, da América, da Austrália ou da Ásia confrontados com o colonialismo europeu. Em *La Violence nazie, une généalogie européenne* (A Violência Nazista, uma Genealogia Europeia), Enzo Traverso apresenta alguns números:

> As consequências catastróficas do colonialismo serão perceptíveis a longo prazo, não nos campos de batalha, onde as perdas foram, em geral, limitadas, mas no conjunto dos territórios conquistados, em função do declínio demográfico que, em vários casos, só pode ser qualificado como genocídio. A população do atual Sri Lanka contava, antes da colonização, entre 4 e 10 milhões de almas; em 1920 tinha sido reduzida para aproximadamente um milhão. Entre 1830 e 1870, a população argelina sofreu uma baixa de 15 a 20%, passando de 3 a 2,3 milhões [...]. No Congo, onde a exploração selvagem operada nas minas de cobre do rei Leopoldo II assemelhava-se a uma verdadeira forma de extermínio pelo trabalho, a população caiu pela metade entre 1880 e 1920, passando de 20 a 10 milhões. Na Costa do Marfim, a população diminuiu em dez anos, entre 1900 e 1910, de 1,5 milhões para 160 mil. No Sudão, a queda demográfica foi de 75%:

> de 8-9 milhões de habitantes em 1882, ano do início da colonização inglesa, para 2-3 milhões em 1903. No Taiti e na Nova Caledônia, o declínio demográfico foi de 90%. Segundo as estimativas mais confiáveis, o número de vítimas das conquistas europeias na Ásia e na África ao longo da segunda metade do século XIX gira em torno de 50-60 milhões, cuja metade, aproximadamente, se deve à fome na Índia.[85]

Ao contrário dos fenômenos observados desde o Taiti até o Brasil, passando pela Argélia ou Sudão, o número de indígenas palestinos, menos de 600 mil almas em 1917, havia mais que dobrado em trinta anos de colonização sionista. E, se ignorarmos as violências interétnicas que, na Palestina, caracterizaram esse período de 1917 a 1947, e abriram caminho para o pior, o fato é que *o extraordinário povoamento judeu-palestino de um território estreito e empobrecido contribuiu para desenvolver o país em benefício de todos os seus habitantes*. Além disso, foi a imigração judaica que devolveu à Palestina seu antigo estatuto de "país", assim como lembra Hobsbawm:

> A Argélia não tem nenhuma unidade enquanto país, fora de sua experiência francesa após 1830 ou, mais precisamente, de sua luta contra a França; no entanto, podemos ver que seu caráter de nação é pelo menos tão bem estabelecido hoje quanto aquele das unidades

85 E. Traverso, *La Violence nazie, une généalogie européenne*, Paris: La Fabrique, 2002, p. 75-76.

> políticas "históricas" do Magrebe, a Tunísia e o Marrocos. É ainda mais flagrante que foi a experiência comum de instalação e da conquista sionista que criou um nacionalismo palestino associado a um território que, até 1918, ao sul da Síria a que pertencia, nem sequer tinha uma verdadeira identidade regional.[86]

Portanto, não somente a população indígena da Palestina mais do que dobrou de 1917 a 1947, enquanto meio milhão de judeus se estabeleciam no território, mas também a identidade palestina, em termos de povo e de país, foi construída durante esse período. O que importa, respondem os militantes parisienses da causa antissionista, cuja convicção é inquebrantável: "um ato contínuo, desde 1881, de destruição sistemática da Palestina e dos palestinos"; "a destruição pura e simples do povo palestino". Pensa-se em *La Destruction des juifs d'Europe* (A Destruição dos Judeus da Europa) de Raul Hilberg, e, aparentemente, isso é tudo o que importa.

Uma vez restituídos os fatos e expostas as interpretações, resta discutir os princípios: identificar a imigração judaica na Palestina com a expulsão de aproximadamente 800 mil palestinos em 1948, ou seja, essas importantes migrações de massas humanas temidas por Trótski, seria politicamente fundamentado? De minha parte, afirmo que não, pois não há nenhuma contradição insuperável no fato de que "um

■ ■ ■

86 Eric Hobsbawm, *Nations et nationalismes depuis 1780* [1990], trad. D. Peters, Paris: Gallimard, 1992, p. 256.

país para os judeus" seja *igualmente* para os árabes palestinos. Dito de outra forma, não é a imigração judaica na Palestina que está em causa no desastre (*Nakba*), é a derrota das lógicas sociais progressistas, cujas potencialidades eram, no entanto, sensíveis de 1881 a 1947. Não há correlação necessária entre a imigração, ainda que massiva, de uma população estrangeira para um território definido, e o empobrecimento, a subserviência, a expulsão ou a eliminação da população autóctone. A história da Palestina mandatária revela: a imigração judaica na Palestina poderia ser uma bênção para seus habitantes, e todos aqueles que estão por vir, judeus *e* árabes, desde que fossem vencidas as lógicas reacionárias, judaicas e árabes. Infelizmente, elas foram vitoriosas. Vamos colocar desta forma: *no seio de uma dinâmica social progressista, um ser humano não ocupa um espaço, ele o cria;* no seio de uma dinâmica social reacionária, é o inverso.

■ ■ ■

No dia seguinte da guerra de 1967, Sartre dedica um número especial de *Temps Modernes* (Tempos Modernos) ao "conflito israelo-palestinense". Ele dá a palavra aos israelenses de um lado, aos árabes de outro. O dossiê, em duas partes de quinhentas páginas, ou seja, mil páginas, é precedido de um artigo introdutório de Maxime Rodinson intitulado: "Israel, um fato colonial?" Não é um israelense, nem um árabe que propõe a pergunta, é um historiador. E, ao final de seu estudo, ele responde:

> Creio ter demonstrado, nas linhas precedentes, que a formação do Estado de Israel na terra palestina é o resultado de um processo que se insere perfeitamente no grande movimento de expansão euro-americano dos séculos XIX e XX para povoar ou dominar economicamente as outras terras. Trata-se, aliás, de um diagnóstico evidente, e só usei tantas palavras para enunciá-lo devido aos esforços desesperados que se multiplicaram para escondê-lo. Trata-se aqui de fatos. Quanto aos termos, parece-me que o processo colonial é muito conveniente, dado o paralelismo evidente com os fenômenos que concordamos nomear dessa forma. Mas eis aqui uma questão de linguística.[87]

O veredicto do historiador é definitivo: Israel é indiscutivelmente um "fato colonial", quaisquer que sejam os "esforços desesperados que se multiplicaram para escondê-lo". Baseando-se na conclusão do historiador em 1967, o filósofo escreve em 2005: "É ainda menos racional pretender encontrar nas câmeras de gás nazistas algo que possa conferir ao Estado colonial de Israel, estabelecido no Oriente Médio (e não na Baviera...), um estatuto derrogatório àquele que há décadas é conferido a todos os Estados coloniais." De acordo com eles, as cartas estão dadas: o sionismo pertence à mesma matriz do colonialismo "clássico", ao mesmo "grande movimento de expansão euro-americano dos séculos XIX e XX para povoar ou dominar

87 M. Rodinson, op. cit., p. 233. (Publicação em que o artigo veiculado em *Temps Modernes* foi reeditado.)

as outras terras". Mirando a questão colonial em seu conjunto, vemos, de fato, os europeus expropriarem os indígenas e dominá-los, às vezes exterminá-los, seja na América, na África, na Ásia, na Austrália ou na Palestina. Quanto à ausência de metrópole no caso singular do sionismo, o historiador sabe como as coisas funcionam:

> "À guisa de metrópole, judeus perseguidos de um país para outro na Europa", me replicam os estudantes judeus da França. Vimos o que era necessário pensar a respeito. O papel histórico de metrópole em relação ao *Ischuv* foi desempenhado coletivamente pela Europa, que se livrou, enviando para a Palestina, de elementos que ela julgava indesejáveis, assim como mandava seus condenados a trabalhos forçados para colonizar a Austrália ou a Guiana. A Grã-Bretanha foi o elemento motor na medida em que conquistou pela força das armas o território a ser ocupado, estabeleceu ali uma administração e impôs, seguindo o vocabulário que lhe é próprio, a lei e a ordem. Em contrapartida, sofreu a ira de seus "colonos" quando resolveu limitar seus progressos em direção ao domínio do referido território.[88]

A descrição dos fatos é esclarecedora, objetiva, e a conclusão que se tira deles é tão definitiva quanto o dia: Israel é uma criação colonial, desde José até Ben-Gurion. Segue a declaração de Milner, ligeiramente retocada: *em um espaço discursivo em que o anticolonialismo*

88 Ibidem, p. 226-227.

daria acesso ao lugar das verdadeiras soluções, o nome judeu diz não a qualquer solução. Preocupados com a ascensão de um antijudaísmo hoje apoiado por uma ideologia anticolonial, os ideólogos da "reação filossemita" concluíram, às vezes sob a palmatória de Finkielkraut, outras vezes sob o encanto de Milner, que o antijudaísmo se tornou uma ideia de "esquerda", uma ideia "progressista", e que uma ideologia neocolonial, por meio de algum retoque inteligente, poderia, a partir de então, apresentar-se com contornos de um honorável combate contra o antissemitismo dos condenados da terra. No meio dessa confusão, ergui-me, armado com uma simples ideia; uma ideologia reacionária, quer apareça nas palavras de Renaud Camus, de Bouteldja ou Finkielkraut, sempre prepara o terreno para o antijudaísmo; da mesma forma que o antijudaísmo, quer apareça nas palavras de um progressista ou de um revolucionário, é sempre a manifestação de um resto de ideologia reacionária. Demonstremos essa ideia simples.

O historiador Rodinson identificou em todo lugar um mesmo "movimento de expansão euro-americano", incluindo a Palestina, onde isso ainda estaria ocorrendo nos dias de hoje. Mas esse "movimento de expansão euro-americano", em última análise, a que característica distintiva ele remete? A esse respeito, existem principalmente duas orientações de pensamento. Conforme a primeira, esse "movimento de expansão" é um imperialismo, concebido como o ápice do capitalismo, sendo, notadamente, a orientação de Lênin. De acordo com uma outra orientação, em contrapartida, a característica distintiva desse "movimento" não é uma categoria política, mas histórica – ou seja, descritiva, factual –, sendo, portanto, a orientação de Rodinson, para quem a questão de denominação é, finalmente, muito secundária, resumindo-se apenas a uma "questão de linguística". Como historiador rigoroso, ele prefere os fatos às interpretações:

> O argumento frequentemente apresentado pelos sionistas, insistindo na aspiração constante do judaísmo de retornar ao Sião, é também pouco convincente. É transformar preocupações íntimas de um sujeito em uma lei para outro. Nada em todos esses argumentos históricos, por mais impressionantes que tenham sido para certos espíritos religiosos ou permeados com ideologia nacionalista, pode transformar a implantação de um elemento *estrangeiro* em detrimento de um povoamento *indígena*, no sentido habitual desses termos, em um simples retorno ao país natal.[89]

Determinado a fazer com que a teologia coincida com a história, Rodinson apoia-se nos fatos. No entanto, não podemos nos apoiar nos fatos sem que se coloque, de qualquer maneira, em um momento ou outro, uma "questão de linguística". E, em relação a isso, um homem prevenido vale por dois. O traço marcante do colonialismo "clássico", o historiador, no final das contas, o reconhece, portanto, neste fato: "a implantação de um elemento *estrangeiro* em detrimento de um povoamento *indígena*, no sentido habitual desses termos".

■ ■ ■

89 Ibidem, p. 219. Grifos do original.

E ele assinala os termos: elemento *estrangeiro* de um lado, população *indígena* de outro. Dito de outra forma: um elemento estrangeiro *aliena* um povoamento indígena. Esse seria o traço marcante do imperialismo, senão desde sempre, pelo menos desde a mais longínqua Antiguidade, assim como observa Weil em 1943:

> Seres verdadeiramente desenraizados têm apenas dois comportamentos possíveis: ou eles caem em uma inércia da alma quase equivalente à morte, como a maior parte dos escravos no tempo do Império Romano, ou se lançam em uma atividade que tende sempre a desenraizar, muitas vezes pelos métodos mais violentos, os que ainda não são desenraizados ou o são parcialmente.

O problema é que, se nos limitarmos a isso, o traço distintivo do colonialismo "clássico" não é substancialmente diferente da imigração africana e árabe-muçulmana na Europa, ou da imigração asiática e mexicana na América do Norte: a implantação de um elemento *estrangeiro* em detrimento de um povoamento *indígena*. De fato, é o discurso dominante, na Europa e na América do Norte, desde os anos 1970: a imigração massiva de populações africanas, árabe-muçulmanas, asiáticas ou mexicanas ameaça ocorrer *em detrimento* dos povoamentos europeus; dito de outra forma, ela ameaça *aliená-los*, uma vez que seres verdadeiramente desenraizados têm apenas dois comportamentos possíveis etc.

Essa é, portanto, a secreta anfractuosidade dos textos: o argumento de Rodinson, Deleuze ou Badiou é similar ao de Renaud Camus e seus amigos, exceto que esses últimos aplicam esse método de leitura à imigração contemporânea, que é um mesmo "movimento de expansão" que o do colonialismo "clássico" dos séculos XIX e XX, mas, no sentido inverso; a partir da América (do Sul), da África e da Ásia em direção aos povoamentos europeus. A "linguística" do historiador Rodinson nos reconduz ao escritor de extrema direita. O argumento de cada um é singularmente semelhante, de fato, ainda que suas intenções não o fossem: "a implantação de um elemento estrangeiro em detrimento de um povoamento indígena".

Retornemos agora à primeira orientação, a de Lênin. O colonialismo "clássico" é um movimento de expansão imperialista, identificável, em última análise, por dois traços marcantes: apropriação do ouro e a exploração da força de trabalho. Sua racionalidade econômica consiste em perseguir metodicamente esses dois objetivos no mundo inteiro e, para realizá-los, ele não hesita em empregar os métodos mais violentos (massacres em grande escala, escravização dos negros, subjugação das populações indígenas etc.). Os fatos históricos nos quais Lênin baseia sua análise em 1916 são estruturalmente idênticos aos conhecidos por Rodinson em 1967, mas a ascensão à generalização difere em ambos: onde Rodinson vê a implantação de um elemento *estrangeiro* em detrimento de um povoamento *indígena*, Lênin vê a apropriação de ouro e exploração de uma força de trabalho, ou então um fenômeno que não decorre principalmente do colonialismo "clássico".

E o ganho da orientação marxista é, portanto, principalmente este: a imigração massiva de populações estrangeiras para os países povoados por europeus, desde os anos 1970, não é um "movimento de expansão" análogo àquele dos europeus para o resto do mundo, pois, em certo sentido, trata-se de ir apropriar-se de ouro e explorar a força de trabalho dos outros, no sentido inverso de ir trocar sua força de trabalho por ouro em pó. E o paradoxo da questão é que, portanto, no seu tempo, foi considerada legal a imigração dos primeiros, e hoje a imigração dos segundos é considerada ilegal. A apropriação do ouro e a exploração da força de trabalho, tal é, efetivamente, o beabá da análise marxista, quer se trate de estudar a história ou o direito formal.

Relegando para segundo plano uma "questão de linguística", essa mesma que ocupa Lênin, o historiador Rodinson acaba assim por retificar, à sua revelia, uma denominação ambígua: "a implantação de um elemento estrangeiro em detrimento de um povoamento indígena". Seguindo esse padrão, certamente, Israel é de fato uma criação colonial "clássica", mas o preço a ser pago é alto. Alguns pensam que o esforço vale a pena, outros consideram que significa vender a alma ao diabo. Mas, para quem se apega firmemente ao beabá da análise marxista, a palavra de Said é, portanto, definitiva: "os judeus não são colonialistas convencionais". E o sionismo não é um fato colonial "clássico": seu primeiro motor não era a apropriação das riquezas naturais de um território, nem a exploração da força de trabalho indígena, nem tampouco o acesso a novos mercados, novos portos etc. Seu primeiro motor era a história de uma peregrinação judaica multissecular, tendo resultado em um desejo: "que exista um lugar no mundo onde os judeus não sejam minoria". De maneira geral, a historiografia "clássica" nos apresenta objeções: a implantação de um elemento *estrangeiro* em detrimento de um povoamento *indígena* – o que isso é, no final das contas, senão um fato colonial "clássico"? Muitos são os filósofos, os historiadores, os militantes, que consideram que o debate está concluído: Israel é uma criação colonial, arcaico vestígio de uma época passada. Chegou-se a um veredicto. E, afinal, ninguém é obrigado a ser marxista.

■ ■ ■

O que é, então, o marxismo? Convidado por Sina Badiei a se posicionar sobre o que entende por "marxismo", Alain Badiou responde, inicialmente, que é um "pensamento". Depois, ao final de sua conferência, ele especifica: é "a operação continuada de mediação entre discernimento popular e ação"[90]. Alguns de seus discípulos próximos, antissionistas convictos, investigaram habilmente, bebendo na fonte do discernimento popular, e, ao final de sua investigação, discriminaram: Ivan Segré é "sionista"; escutem; "colonialista". Considero diferentemente "a operação continuada de mediação entre discernimento popular e ação", e, sendo um marxista de outro tipo, lhes respondo: sou sionista, de fato, não tenho receio em afirmar isso.

■ ■ ■

90 Ver A. Badiou, *Qu'est-ce que j'entends para marxisme?*, Paris: Les Editions Sociales, 2016, p. 70.

E logo acrescento que, enquanto sionista, valido este fato: o respeito e a inteligência do Texto da Proclamação de Independência anunciada por Ben-Gurion em 14 de maio de 1948 supõem, hoje, criar um Estado comum israelo-palestinense, binacional e bilingue, no conjunto do território da Palestina mandatária, do Jordão ao mar, do Golã ao Sinai. O nacionalismo considerável de Sharon seria um artifício da Razão? Não sei. Mas o fato é que a colonização metódica dos "territórios" da Cisjordânia desde 1977 reescreveu o texto de 1948, tanto que, dali em diante, das duas, uma: ou o livro é queimado, ou podemos ler nele a seguinte proclamação:

> O Estado israelense-palestino estará aberto à imigração dos judeus de todos os países onde estão dispersos, assim como será aberto à imigração dos palestinos de todos os países onde estão dispersos; desenvolverá o país em benefício de todos os seus habitantes; será fundado nos princípios de liberdade, justiça e paz ensinados pelos profetas de Israel, do Evangelho e do Alcorão; garantirá uma completa igualdade de direitos sociais e políticos a todos os cidadãos, sem distinção de crença, raça ou sexo; garantirá a plena liberdade de consciência, culto, educação e cultura; garantirá a salvaguarda e a inviolabilidade dos lugares santos e santuários de todas as religiões e respeitará os princípios da Carta das Nações Unidas.

Foi com essas palavras que rompi com os fundadores do coletivo "Israel-Palestina, um único país, um único

Estado": eu defendia como princípio *a igual abertura do país à imigração dos judeus e palestinos*; eles não queriam ouvir falar de um país aberto à imigração dos judeus, apenas dos exilados palestinos, ou seja, principalmente seus descendentes tendo o *direito* de retornar para uma terra que era a sua. Pois este era seu axioma político: *existem os indígenas palestinos e os colonos judeus*. Tranquilamente instalados em algum apartamento parisiense, esses militantes franceses pela Palestina reivindicavam Francis Jeanson: nenhum compromisso com o colonialismo europeu, seja ele francês ou judeu, mas uma heroica determinação a se manter firme em alguns princípios universais, sendo o primeiro entre eles o necessário desaparecimento do Estado colonial de Israel, sob qualquer forma que ele exista, incluindo a de um país, de um Estado, "Israel-Palestina", aberto, por princípio, à imigração dos palestinos e judeus. Compreendendo que não falávamos a mesma língua, e medindo plenamente os riscos de uma "questão de linguística", deixei o lugar de mala e cuia. Afinal, ninguém é obrigado a ser marxista.

■ ■ ■

Os seres humanos são todos desenraizados, razão pela qual não se trata de uma questão de origem, mas de existência: não de onde você vem, daqui ou acolá, mas quais são suas ideias, suas palavras e seus atos. Uma declaração da Organização política retoma esse princípio em uma feliz fórmula: "Todos os que estão aqui, são *d*aqui." Seria um princípio que se aplica sempre, em todo lugar, para todos, incluindo os colonos da Palestina? Fiz essa pergunta, certa vez, a um militante antissionista. Ele me respondeu que não, que aquilo que poderia se aplicar para o imigrante árabe que vive em solo da França desde sempre não seria válido para o colono sionista que vive em solo da Palestina árabe desde sempre; que a declaração, portanto, não se aplicaria a todo lugar, sempre, para todos; que seria necessário distinguir situações históricas concretas, materiais, sociais, nacionais etc. Ele apresentava, sem dar-se conta disso, um axioma: existem os autóctones e os estrangeiros, as pessoas daqui e as pessoas de outro lugar. E se, distintamente de Renaud Camus, ele desejasse reconhecer o imigrante árabe ou muçulmano como alguém "daqui", da França, seria pelo fato de que este pertenceria a uma minoria étnica e confessional, diferentemente do colono judeu na Palestina – invasor em grande número desde 1917, senão desde 1881, para exercer um empreendimento de alienação, dominação, expropriação, destruição e eliminação. Entre o escritor de extrema direita e o militante antissionista, existe, ocasionalmente, uma proximidade tocante, quase infantil e, por vezes, fabulosa. E conhecemos o argumento da fábula: o "judeu" é o desenraizado ontológico, e, consequentemente, o inimigo da árvore humana. O humano é enraizado, ou natimorto. E o "judeu" desenraíza.

Sendo um revolucionário de uma outra raça que não a dos guardiões da porta, sustento que a declaração da Organização política é onipotente, que é verdadeira sempre, em todo lugar, para todos, que "todos que estão aqui são daqui" e, uma vez isso posto, discutimos exclusivamente ideias, palavras e atos. Conhecemos as linhas gerais do princípio de equidade: liberdade de filosofar, indiferença da política em relação ao sexo, ao culto e à etnia, axioma da estrangeiridade, socialismo vitorioso, compreensão mútua e, como último recurso, o tribunal internacional proletário. Mas é importante retomá-lo, pois há muitos antissionistas que se imaginam encarnando uma universalidade radical, quando não têm dela nem a vestimenta, nem a pele, nem os ossos. Para dizer a verdade, têm apenas pelos desta universalidade radical. Podemos, portanto, denominá-los: *os pinguins do universal.*

epílogo

E eis que, subitamente, surgiu ao redor deles
um grande brilho, e contemplaram a carruagem
em que Ele estava a subir ao céu.

J. JOYCE,
Ulisses.

Relatamos que o *Talmud*, no tratado Schabat 89a, ensina, baseando-se em uma etimologia verdadeiramente fantasiosa do nome "Sinai" (onde se ouviria o hebraico *siná*, "ódio") – que *a* Torá *entregue no Sinai provocou o ódio das nações*. É de fato assim que, em geral, é relatado o ensinamento do *Talmud*: as nações consagram a Israel um ódio implacável, por vezes feroz, desde a doação da *Torá* no Sinai. Marc-Alain Ouaknin, em um livro sobre os nomes bíblicos, traduz a curta passagem em questão: "Por que o nome Sinai? Porque o ódio (*siná*) das nações pagãs desceu sobre monte."[1] Na tradução do tratado de Schabat pelo Rabinato da França, atribuída ao rabino Désiré Elbèze, encontramos, porém, uma versão sensivelmente diferente da mesma passagem: "por que a montanha tem o nome de Sinai? Porque é uma montanha sobre a qual desceu o Sina – o ódio pelos outros povos da terra." Apresenta-se ali, igualmente, uma nota de rodapé em que é relatado o glossário de Rashi, famoso rabino do século XI: "porque eles não receberam a *Torá*". De acordo com essa outra tradução, ornada pelo comentário de Rashi, não se trata, portanto, do ódio das nações, mas do ódio *pelas* nações.

E, de fato, o texto em aramaico traz: *siná le-akhum*; o que significa literalmente: "ódio pelos adoradores das estrelas". Portanto, o sentido é este: no nome "Sinai", o *Talmud* ouviu o ódio *pelos* adoradores das estrelas. E Rashi explica: "porque eles não aceitaram a *Torá*". No Sinai, o deus odiou os adoradores de estrela; ou ainda: ele os odeia desde o Sinai, porque não aceitaram a *Torá*. Esse é o ensinamento do *Talmud*, esclarecido pelo comentário de Rashi. Portanto, isso não tem nada a ver com o antijudaísmo, o antissemitismo, o antissionismo. Mas, em geral, tendemos a forçar a interpretação dessa breve passagem. É o que revelam algumas palavras que Jan Assmann arrisca a esse respeito. Evocando, de início, "o ódio pelos pagãos" que o mosaicismo teria introduzido em um universo politeísta, até

---

1 Marc-Alain Ouaknin, *Le Livre des prénoms bibliques et hébraïques*, Paris: Albin Michel, 1997, p. 274.

então, tolerante, até mesmo agradável, logo depois, cita nosso texto: "O tratado talmúdico babiloniano 89a aborda o significado do nome Sinai. A explicação é a seguinte: é a montanha a partir da qual o ódio (*siná*) foi derramado sobre os povos do mundo. Os povos do mundo têm inveja do povo eleito para quem a *Torá* foi entregue no monte Sinai."[2] Assmann hesita de forma evidente entre duas leituras, a primeira mantendo o ódio pelos pagãos; a segunda, a inveja em relação ao povo eleito. Em nota, diz: "agradeço Almut S. Bruckstein que me explicou a passagem"[3]. Mas entre o que Bruckstein ouve do *Talmud* e o que Assmann ouviu de Bruckstein, fica bem difícil de imaginar o que o *Talmud* ouviu no nome "Sinai": tratar-se-ia de um "ódio" (*siná*) pelos pagãos ou pelo povo eleito? Retornando ao *Talmud*, o significado é, porém, unívoco: a montanha é nomeada "Sinai" porque dela desceu o ódio do deus *pelos* adoradores das estrelas. Não se trata, portanto, de antijudaísmo, mas poder-se-ia tratar, em contrapartida, das virtudes patrióticas que Spinoza atribui aos hebreus estabelecidos em Jerusalém: "a devoção pela pátria, o direito absoluto em relação a todos os outros povos e o ódio não somente permitido, mas até mesmo piedoso, o fato de considerá-los todos como inimigos". O ódio do deus pelos pagãos não é, sendo o ensinamento secularizado, o ódio dos hebreus pelas outras nações, "ódio não somente permitido, mas até

2 Jan Assmann, *Le Prix du monotheísme* [2003], Paris: Flammarion, 2007, p. 37.

3 Ibidem, nota 19, p. 198.

mesmo piedoso"? Lembramos do que Modrzejewski crê poder concluir a respeito do "Sinai":

> O dom da *Torá* reproduz a imagem fixada pela ideologia política das monocracias orientais segundo a qual o verdadeiro autor das leis impostas a um povo não é o soberano que as proclama, mas a divindade que as ordena. O primeiro legislador do mundo conhecido pela história, Ur-Namu, recebeu suas leis do deus-lua Nana, divindade tutelar da cidade de Ur na Mesopotâmia. Sobre a estela de pedra encontrada em Susa no início do século XX e guardada no Louvre, o rei Hamurabi escuta em pé as leis ditadas pelo deus-sol Schamasch, senhor da justiça.

O papirólogo erudito omite, no entanto, a observação de que no caso de Moisés o lugar onde é dada a lei difere singularmente, e que, consequentemente, diferem o deus que se manifesta, assim como a lei que ele transmite. É no Sinai que a cena mosaica ocorre, pois é uma montanha no meio do *deserto*: lugar desprovido de qualquer recurso natural, lugar in-apropriado, in-transformável, quase abstrato. No Sinai, não há autóctones, todos são igualmente desenraizados. É uma diferença que é necessário ter em mente quando se estuda o *Talmud*. Quem a perde de vista, certamente se desvia do caminho.

Retornemos agora ao ensinamento do tratado Schabat 89a. De acordo com Rashi, não é absolutamente da "devoção pela pátria" ou do "direito absoluto para todos os outros povos" que se trata no Sinai, mas de um ódio pelos adoradores das estrelas *porque não aceitaram a Torá*. De onde Rashi deduziu isso? Podemos ir em busca de fontes na imensidão do corpo talmúdico, mas podemos, igualmente, nos ater à única lógica de um texto que se basta a si mesmo, e sobre esse único apoio reconstituir o raciocínio de Rashi. Se o *Talmud* ensina que *o ódio do deus pelos adoradores das estrelas* apareceu ali, no "Sinai", é porque esse ódio tem relação com a doação da *Torá*; daí decorrem duas interpretações possíveis: 1. Uma vez que o deus elegeu Israel dando a ele sua *Torá*, este tornou-se seu povo eleito, e a partir desse momento *seu amor por Israel é proporcional ao seu ódio pelas outras nações* (daí a relação que estabeleceria o *Talmud* entre o nome "Sinai" e o ódio); ou então 2. O ódio vivenciado por deus no Sinai não é o reverso ambivalente do amor, mas a consequência do que ocorreu no "Sinai", ou a propósito do "Sinai". O que poderia ter ocorrido no Sinai, ou a propósito do Sinai, que justificaria que deus vivenciasse *ódio* – daí o nome *Sinai*? Rashi responde: a *Torá* foi recusada.

De fato, é de uma lógica implacável: 1. O ódio em questão no nome "Sinai" é a consequência do fato de que Israel aceitou a *Torá*; ou então 2. Ela é consequência do fato de que não se aceitou a *Torá*. O *Talmud*, sem o glossário de Rashi, nos coloca à prova. Rashi quer ser o mais didático possível nesse lugar preciso.

Um praticante sábio do *Talmud* vê esse fato tão nitidamente quanto Rashi: o que os sábios de Israel ouvem no nome dado ao monte *Sinai* é que a *Torá* desceu dele *para todos*, ela é, portanto, universal, mas que alguns – que chamamos de "adoradores das estrelas" – não querem ouvir nada. E pareceria que o deus ficou horrorizado com sua surdez animal.

afinal, ninguém é obrigado a ser marxista.

▪ ▪ ▪

Sem ter feito nada de mal, especifica o narrador desde a primeira frase do romance de Kafka. E, no entanto, em seu final Joseph K. é executado, e *era como se a vergonha tivesse que sobreviver a ele.* Seria porque o haviam caluniado? É a hipótese que o relato elimina: Joseph K. não é acusado nem com razão, nem injustamente. Pois não é recriminado por um ato, por uma palavra, por uma ideia; é recriminado por *estar ali, desenraizado, como um homem.*

posfácio
à edição brasileira

após o 7 de outubro de 2023...

O futuro pacífico e igualitário, em Israel-Palestina, será binacional; sancionará a legitimidade dos nacionalismos israelense e palestino, permitirá a ambos se desenvolverem tendo por base um axioma igualitário, transnacional e transconfessional, cuja influência política e social será passível de contribuir para a transformação revolucionária da região.

Enquanto isso, os ataques de 7 de outubro de 2023 refletiram a ideologia do Hamas, assim como a resposta do Estado de Israel refletiu a ideologia de seu governo: cada um dos adversários considerou que a vida das populações civis não valia nada; cada um deles não concebe outra normatividade política que não a de um nacionalismo sectário. Digamos que é um conflito que opõe forças políticas, as quais convém, *grosso modo*, considerar *neofascistas*. Ambas articulam, efetivamente, um narcisismo identitário a um falismo militarizado e, quer se trate da direita nacionalista israelense, do Hamas ou do Hezbollah, seu fundamentalismo se adapta perfeitamente ao neoliberalismo ambiente, se é que não o reforça. Nesse sentido, então, seria oportuno discernir diferentes níveis de análise: local, regional e mundial.

A nível local, a sequência que segue ao ataque de 7 de outubro é a revelação daquilo que, até então, era latente. O Hamas, de um lado, a direita nacionalista, do outro, foram os vencedores do fracasso dos acordos de Oslo. Em oposição a um compromisso político e territorial, militavam pelo confronto – o Hamas desejava vencer e destruir o Estado de Israel, a direita israelense desejava estabelecer o Estado "judeu" na totalidade da "Palestina histórica", expulsar uma parte da população árabe, submetendo a que permanecesse. Dito de outra forma, as duas forças antagônicas em questão têm o mesmo programa, a mesma visão, e seu modo de operar é similar, sendo a única diferença a desigualdade no equilíbrio da força militar. Nesse sentido, a irresponsabilidade política do Hamas é flagrante: com o seu ataque de 7 de outubro, o fundamentalismo palestino ofereceu à direita nacionalista israelense a oportunidade sonhada de concretizar seu projeto latente: tornar Gaza inabitável, de maneira a impingir o exílio à sua população. Isso feito, a anexação da Cisjordânia controlará a outra vertente da "questão palestina".

Os antissionistas poderão então concluir que assim se realiza o que o sionismo é desde a origem, ou seja, um projeto colonial que visa expulsar e/ou submeter a população autóctone. Os antissionistas mais radicais o identificarão pura e simplesmente a uma empreitada "genocida". E ambos reconhecerão ali a expressão necessária daquilo que reveste a própria ideia de um Estado "judeu", seu antijudaísmo encontrando, assim, uma expressão generosa.

Em contrapartida, uma ala dita "moderada", pragmática, até mesmo realista e, ainda, convicta da legitimidade do Estado de Israel nas fronteiras de 1967, relacionará o desastre da sequência aberta em 7 de outubro ao fracasso dos acordos de Oslo. A realidade, de fato, se impõe: o Hamas e o Likud trabalharam para que esses acordos fracassassem, e seu fracasso os levou ao poder, com as consequências que conhecemos hoje. Nessa perspectiva, o antagonismo principal não opõe o Hamas ao Likud, mas sim os partidários do acordo de Oslo – israelenses ou palestinos – a seus adversários, israelenses ou palestinos. Os primeiros esforçam-se em selar uma paz durável baseada em um compromisso territorial, os segundos acreditam somente na força das armas e, consequentemente, não vislumbram outro futuro senão o de uma guerra perpétua, pelo menos, a curto e médio prazo, sendo que o longo prazo permanece, por definição, muito incerto.

Certamente, em relação à visão política intransigente compartilhada pelas formações nacionalistas palestinas e israelenses, os defensores de um compromisso territorial são muito mais respeitáveis. Conhecemos os termos de sua solução: a criação de um Estado palestino nas fronteiras, mais ou menos negociáveis, de 1967, em troca de uma paz global entre Israel e o conjunto dos Estados árabes. Mas, se no reino dos cegos, quem tem um olho é rei, não somos obrigados, no entanto, a abraçar a visão dos caolhos.

A guerra em que se envolvem as forças armadas israelenses, palestinas, mas também libanesas (Hezbollah), iraquianas (milícias pró-iranianas), iemenitas (hutis), etc., e, também iranianas, inscreve-se em uma sequência política regional que ultrapassa o estrito conflito israelo-palestinense. E essa sequência regional mais ampla é o que denominamos de "primaveras árabes", ou seja, a expressão das forças populares que, desde 2011, em todas as cidades da região, do Cairo a Teerã, passando por Tel-Aviv, Beirute, Damasco, Bagdá, mas também Túnis etc., levantaram-se contra as formações políticas no poder. Mas a unidade dessas forças populares é evidente, no sentido de que todas identificaram um mesmo inimigo, a saber, os poderes políticos, financeiros e militares que, desde o Egito até o Irã, passando pela Arábia Saudita ou o Catar, bloqueiam o futuro da região. Seria adequado, mais uma vez, considerar *neofascistas* esses poderes políticos reacionários, no sentido de que eles aliam um neoliberalismo econômico a um fundamentalismo (religioso ou nacionalista, ou ambos). E nessa perspectiva, o que foi deflagrado em 7 de outubro esconde outra questão em jogo que, pensando bem, não é outra senão a de silenciar as forças populares que se expressaram na ocasião das "primaveras árabes", incluindo Tel-Aviv.

A guerra entre o Hamas e a direita nacionalista israelense comporta, portanto, uma dimensão regional essencial, que tem, ela própria, envergadura mundial. Digamos que a lição que tiramos desse fato é a de que as potências neoliberais recorrem de bom grado ao fascismo identitário, com o objetivo de esmagar o protesto social. Evidentemente esse é o caso de Israel, no sentido de que o neofascismo israelense que ascendeu ao poder não é apenas uma organização política que deve se opor ao neofascismo palestino, mas também uma que deve se opor às forças sociais que contestam a ordem econômica dominante. É por essa razão que a destruição massiva de Gaza não é apenas uma guerra de conquista visando controlar o "problema palestino"; é também – e talvez mais fundamentalmente ainda – uma guerra social cujos parâmetros são análogos desde a Índia até os Estados Unidos: pois, para que os pobres continuem a empobrecer sem que sua espoliação alimente a ameaça de uma revolução política e social, é importante convencê-los de que eles têm um lugar no banquete dos chefes, o fantasmático, o do pertencimento identitário. A ascensão do poder do nacionalismo hindu é, nessa questão, um caso exemplar. Citemos a análise de Christophe Jaffrelot em uma viagem intitulada *L'Inde de Modi: National-populisme et démocratie ethnique* (A Índia de Modi: Nacional-Populismo e Democracia Étnica). Evocando "a tese enunciada desde a introdução" de seu livro, o autor resume:

> Postulamos que o recurso a uma mobilização nacional--populista de grande amplitude pelo Sangh Parivar e o apoio que ele recebera da classe média resultavam da

> ascensão das castas baixas nos anos 1990-2000. Em suma, o nacional-populismo era uma reação ao risco de rebaixamento de classe que corriam as elites sociais e ao risco de divisão que a política de casta representava para a sociedade hindu. Mobilizando os hindus contra os muçulmanos, o Sangh Parivar havia conduzido um número significativo de membros da plebe a não mais colocar sua identidade de casta à frente, mas, no lugar disso, seu pertencimento à comunidade majoritária, destinada a reinar na Índia.[1]

O desencadeamento da violência no caso israelo-palestinense é, certamente, de uma dimensão muito diferente do que a da ofensiva neoliberal fascista na Índia ou nos Estados Unidos. Mas a razão dessa diferença de intensidade, senão de natureza, não é, como quer acreditar o antissionismo dito "de esquerda", que o Estado de Israel seria intrinsecamente "fascista" pelo fato de que ele ousa associar um aparelho de Estado ao significante "judeu" em um mundo onde essa associação apenas seria legítima no caso dos significantes "hindu", "muçulmano" ou "cristão"; a razão é que, antes de mais nada, o Oriente Médio é a região do mundo na qual as organizações políticas que detêm o poder, o dinheiro e as armas são as mais drasticamente fascizantes, identitárias e feudais de todo o planeta. ("Saud" não é mesmo o nome de uma etnia, é o nome de uma família. E o Catar, o financiador do

■ ■ ■

1 C. Jaffrelot, *L'Inde de Modi: National-populisme et démocratie ethnique*, Paris: Fayard, 2019, p. 284.

Hamas, onde estavam refugiados seus chefes políticos, é o país mais desigual e escravagista do planeta).

A ascensão do poder do Hamas não é, portanto, apenas um efeito do fracasso dos acordos de Oslo, menos ainda o único resultado de um maquiavelismo israelense, é a manifestação local de um fenômeno regional de intensidade singular. De fato, há décadas, no Oriente Médio, a alternativa é a seguinte: ou um fascismo laico do tipo Baas, ou um fundamentalismo religioso, não menos fascistizante, do tipo Hamas, Hezbollah, aiatolás iranianos, petromonarquias etc. Nessa perspectiva, a ascensão do poder neofascista israelense é, evidentemente, também o efeito de uma lógica *mimética:* a evolução do aparelho de Estado israelense assinala um conformismo crescente e é, nesse sentido, portanto, que ele tende a se alinhar com as formas de poder que lhe são historicamente antagônicas, desde os nacionalistas fascistas dos partidos Baas sírio ou iraquiano até o fundamentalismo religioso iraniano ou saudita.

A destruição massiva de Gaza pelo exército israelense inscreve-se, de fato, em uma história regional significativa: a das repressões em grande escala conduzidas por um aparelho de Estado contra uma população civil. Assim, saindo da primeira guerra do Golfo, a Guarda Republicana iraquiana esmagou as insurreições xiitas e curdas de 1991, bombardeando populações civis sob o olhar benevolente do exército da coalizão internacional. Da mesma forma, em 2011, Bashar al-Assad, com o apoio do Hezbollah, reprimiu o levante sírio recorrendo à artilharia pesada, enquanto a guerra por procuração em que se envolviam a Arábia Saudita e o Irã no Iêmen mergulhou o país na pior crise humanitária do planeta:

> Segundo a Acnur, a Agência da ONU para os Refugiados, o conflito em curso deslocou aproximadamente 4 milhões de iemenitas, devastou o país e destruiu seus serviços de saúde e suas reservas alimentares, e 66% da população depende de ajuda humanitária. A antiga capital do Iêmen do Norte, Sanaa, concentra todas as desgraças. Privados de água potável, ameaçados por ataques aéreos recorrentes e pelos campos de minas, seus habitantes vivem um verdadeiro inferno em bairros em ruínas, sem esperança de alguma mudança no horizonte.[2]

Seria conveniente também lembrar a maneira pela qual os Estados do Golfo, em primeiro lugar o Kuwait, procederam com a expulsão massiva dos proletários de origem palestina que se seguiu ao apoio oferecido por Yasser Arafat a Saddam Hussein, e depois os substituíram, organizando a imigração de proletários de origem asiática, destinados à exploração sem limites. A evolução do Estado de Israel, desde o fracasso dos acordos de Oslo, consiste, portanto, em adotar o *ethos* político, econômico e militar dos regimes mais reacionários da região.

É por essa razão que a linha de frente política deve ser vislumbrada à luz das "primaveras árabes", e não

2 Pierre-Jean Luizard, *Les Racines du chaos: Irak, Syrie, Liban, Yémen, Libye*, Paris: Tallandier, 2022, p. 171.

nos termos de uma oposição entre blocos igualmente reacionários, compostos, de um lado, pelos defensores dos "Acordos de Abraão" – em torno do Estado de Israel e da Arábia Saudita – e, de outro, pelo "eixo da resistência", cujo centro de gravidade é o Irã dos aiatolás. Tal linha de frente – social, mais do que geopolítica – permite evidenciar a existência de uma solidariedade transnacional e transconfessional subjacente, portadora de um futuro igualitário e pacífico. O 7 de outubro de 2023 mostrou-se, nesse sentido, crucial: as manifestações israelenses contra o poder nacionalista ganhavam cada vez mais força, até que foram interrompidas pelo ataque de 7 de outubro, enquanto no Irã as insurreições populares que se seguiram à morte de Jina Mahsa Amini – uma curda iraniana assassinada em 16 de setembro de 2022 pela "polícia dos costumes" – faziam tremer o poder dos aiatolás. Os ataques do Hamas em 7 de outubro não tinham como único objetivo levantar a bandeira da resistência armada palestina, e a destruição massiva de Gaza que se seguiu não tem como único objetivo castigar a população civil palestina. Em última análise, o que essa deflagração de violência niilista encerra é a vontade, mais ou menos deliberada, de esmagar os levantes populares que, do Cairo a Teerã, passando por Tel-Aviv e Ramalá, contestam o poder dominante, aquele, portanto, de um neoliberalismo fascistizante.

Este livro foi impresso na cidade de São Bernardo do Campo,
nas oficinas da Paym Gráfica e Editora, em setembro de 2025
para a Editora Perspectiva.